utb 4845

W0247571

Eine Arbeitsgemeinschaft der Verlage

Böhlau Verlag · Wien · Köln · Weimar
Verlag Barbara Budrich · Opladen · Toronto
facultas · Wien
Wilhelm Fink · Paderborn
A. Francke Verlag · Tübingen
Haupt Verlag · Bern
Verlag Julius Klinkhardt · Bad Heilbrunn
Mohr Siebeck · Tübingen
Ernst Reinhardt Verlag · München · Basel
Ferdinand Schöningh · Paderborn
Eugen Ulmer Verlag · Stuttgart
UVK Verlagsgesellschaft · Konstanz, mit UVK/Lucius · München
Vandenhoeck & Ruprecht · Göttingen · Bristol
Waxmann · Münster · New York

Schreiben im Studium

herausgegeben von
Swantje Lahm

Bd. 6

Janina Tosic

Schreiben im Designstudium

Verlag Barbara Budrich
Opladen & Toronto 2017

Die Autorin:
Dr. rer. nat. Janina Tosic, MBA in Hochschul- und
Wissenschaftsmanagement, wissenschaftliche Mitarbeiterin
im Wandelwerk. Zentrum für Qualitätsentwicklung
der Fachhochschule Münster

Bibliografische Information der Deutschen Nationalbibliothek
Die Deutsche Nationalbibliothek verzeichnet diese Publikation in der
Deutschen Nationalbibliografie; detaillierte bibliografische Daten sind im
Internet über http://dnb.d-nb.de abrufbar.

Gedruckt auf säurefreiem und alterungsbeständigem Papier
Alle Rechte vorbehalten
© 2017 Verlag Barbara Budrich, Opladen & Toronto
www.budrich-verlag.de

utb-Bandnr.   **4845**
utb-ISBN   **978-3-8252-4845-1**

Online-Angebote oder elektronische Ausgaben sind erhältlich unter
www.utb-shop.de.

Lektorat: Dr. Andrea Lassalle, Berlin
Satz: Ulrike Weingärtner, Gründau
Umschlaggestaltung: Atelier Reichert, Stuttgart
Titelbildnachweis: Sarah Hüttenberend, Hannover
Druck: Friedrich Pustet, Regensburg
Printed in Germany

Inhalt

Vorwort 7

Kapitel 1: Schreiben fängt nicht mit der Abschlussarbeit an (und hört auch nicht damit auf ...) 10

Kapitel 2: Lust am und Mut zum Schreiben entwickeln 16
2.1 Ein Sammelmedium für deine Ideen, Gedanken und Texte: dein Sudelbuch 18
2.2 Schärfung der Wahrnehmung: Augenfutter finden 24
2.3 Schreiben über das Schreiben: reflexives Schreiben 37
2.4 Deinen Schreibstil weiterentwickeln 42
2.5 Kooperatives Schreiben 53
2.6 Mit Sprache spielen 57

Kapitel 3: Grundlagen des wissenschaftlichen Schreibens im Design 60
3.1 Schreibblockaden 63
3.2 Schreibstrategien 68
3.3 Formale Kriterien: „Das einfache Zeugs" 70
3.4 Schreiben vs. Gestalten: finde die Balance 71
3.5 Textarten im Design 73

Kapitel 4: Der Schreibprozess deiner Abschlussarbeit 79
4.1 Das Briefing: dein Schreibauftrag 81
4.2 Exploriere dein Thema 84
4.3 Grenze dein Thema ein 87
4.4 Struktur (er-)finden 89

4.5 Arbeit mit Literaturquellen und visuellen Inspirationen:
    Fremdbestäubung 93
4.6 Dein erster Textentwurf 97
4.7 Das Wichtigste kommt zum Schluss: Überarbeiten 100
4.8 Abgeben und Fertigsein 110

Kapitel 5: Abschlussgedanken **111**

Literaturliste **113**

Vorwort

„Keine Ahnung, wie du durch die letzten vier Semester gekommen bist, aber das hier reicht bei weitem nicht!" Im fünften Semester wurde mir ein Protokoll um die Ohren gehauen, ohne dass ich die geringste Idee hatte, wieso. Von Beginn des Studiums an hatte ich mich durch die schriftlichen Prüfungsleistungen geschlängelt und war damit sehr gut durchgekommen. Bis dieser wissenschaftliche Mitarbeiter mehr von mir verlangte: tiefgehende Auseinandersetzung mit einem Thema. Ich sollte meine eigenen Gedanken in Worte fassen und nicht nur leerformelhaft wiedergeben, was vor mir schon Generationen von Studierenden geschrieben hatten. Das war ein Problem. Woher sollte ich das können? Nachdem ich meinen Schock, meine Wut und das Schamgefühl, bei einer schlechten Leistung ertappt worden zu sein, heruntergeschluckt hatte, habe ich das Protokoll mithilfe der Kommentare überarbeitet. Heute bin ich diesem Assistenten unglaublich dankbar. Er hat mir die Tür geöffnet, das akademische Schreiben zu lernen.

Die Idee zu diesem Buch rumorte schon länger in meinem Kopf. Seit 2011 habe ich am Fachbereich Design der Hochschule Niederrhein mit Studierenden am Schreiben gearbeitet. Gemeinsam mit meiner Kollegin und Freundin Sarah Hüttenberend habe ich verschiedene Seminare, Projekte, Coaching-Gruppen, Veranstaltungen und Schreibberatungen für und mit Designstudierenden durchgeführt. Wir hatten das Ziel, ihnen zu zeigen, dass Schreiben ein Handwerk ist, das sich durch Üben erlernen lässt und Spaß machen kann. Unsere Vision war eine Generation von DesignerInnen, die eine positive Einstellung zum Schreiben hat und es als Werkzeug beim Gestalten einsetzt. Dieses Buch ist das Ergebnis unserer Tätigkeiten und daher geht ein riesiges Dankeschön an Sarah: Du hast einen enormen Beitrag zu den Ideen, Erkenntnissen und Übungen in diesem Buch geleistet, die unsere Vision hoffentlich über den Fachbereich Design der Hochschule Niederrhein hinaus verbreiten werden.

Dieser Ratgeber ist eine Werkstatt. Damit er dir für dein Studium und deinen Gestaltungsprozess von Nutzen sein kann, solltest du ein paar Regeln beim Lesen befolgen:

1. Lies das, was du brauchst. Ein Buch hat zwangsweise eine lineare Struktur: Es hat einen Anfang und ein Ende. Deine Fragen oder Wünsche müssen aber nicht mit dieser Textstruktur übereinstimmen. Deshalb lies *die* Kapitel und probiere *die* Übungen aus, die dich interessieren.

2. Beim Schreiben im Studium soll es für dich ab sofort um Spaß gehen. Lass dich durch dieses Buch treiben und fang mit dem Kapitel oder der Übung an, das oder die einen Funken in dir entfacht. Worauf hast du Lust? Kreatives Schreiben wird deine Gestaltung bereichern. Spiele mit den Wörtern so, wie du es beim Zeichnen mit der visuellen Sprache machst.

3. Alle Übungen, die du in diesem Buch findest, dürfen verändert werden. Gestalte sie so, dass sie zu dir passen und für dich Sinn schaffen. Hierfür findest du manchmal schon Vorschläge für alternative Vorgehensweisen, die dir erste Hinweise geben, wie du die Übungen an deine Wünsche anpassen kannst.

4. Hinterfrage dieses Buch und die Übungen darin kritisch. Sie sollen dir nutzen und nicht deine Zeit stehlen. Aber um eins bitte ich dich: Bevor du etwas als Quatsch abtust, lass dich ernsthaft darauf ein – ohne Ausprobieren kein Erfahrungsgewinn. Beobachte dich beim Schreiben zu den Übungen: Was funktioniert? Was nicht? Wieso nicht? Sprich mit deinen KommilitonInnen darüber. Ist es bei ihnen anders?

5. Diese Werkstatt stellt keine absoluten Regeln für das Schreiben auf. Stattdessen mache ich Vorschläge und berichte davon, was für meine Designstudierenden, mit denen ich seit 2011 am Schreiben gearbeitet habe, funktioniert. Finde heraus, was dein Schreiben weiterentwickelt. Es ist wichtig, dass du dafür bewusst deine Stärken und Schwächen reflektierst. Beim Schreiben ist niemand wirklich je perfekt. Wir haben nur mehr oder weniger Erfahrung damit. Und jeder Schreiber-Jeck ist anders.

Die meisten Ideen und Übungen in diesem Buch habe ich aus anderen Büchern entnommen. An den jeweiligen Stellen habe ich das im Text kenntlich gemacht: durch ein Zitat, eine Fußnote oder dadurch, dass ich den Namen derjenigen nenne, die mich inspiriert haben. Diese Quellen sind auch ein guter Startpunkt, wenn du dich noch intensiver mit deinem Schreiben beschäftigen möchtest.

Mit diesen Vorüberlegungen wünsche ich dir viel Spaß beim Experimentieren mit Wörtern und Sätzen. Schreiben lernt man nur, indem man es tut. Also: leg direkt heute los, schnapp Dir Stift und Papier – oder deinen Laptop – und schreibe ab jetzt regelmäßig. Du wirst schnell merken, wie sich dein Schreiben verändert und weiterentwickelt.

Kapitel 1: Schreiben fängt nicht mit der Abschlussarbeit an (und hört auch nicht damit auf ...)

Warum müssen sich DesignerInnen überhaupt mit dem Schreiben beschäftigen? Schließlich geht es bei diesem praxisorientierten Fach primär um das *Tun*, also das Gestalten. Die Diskussion, ob Design überhaupt Theorie(n) und damit Texte sowie das Schreiben benötigt, ist dir mit Sicherheit schon begegnet.[1] Das ist der berühmte Graben zwischen Design-Praxis und Design-Theorie.

Design-Theorie – das Denken, Reflektieren und Argumentieren für, mit und über Design – ist absolut notwendig, um als DesignerIn die eigene professionelle Identität zu entwickeln und eine eigene Antwort auf folgende Fragen zu finden: Was ist Design? Was macht es zu gutem Design? Und welche Grundkompetenzen solltest du daher während deines Designstudiums entwickeln? Die meisten DesignerInnen und Design-ProfessorInnen sind der Meinung, dass das Designstudium über „Pixelschubserei und Schönmachen" hinausgeht. Dieser Meinung schließe ich mich an und hoffe, dass du ebenfalls einen höheren Anspruch an dein Studium hast.

Ganz basal entwickeln DesignerInnen Ideen und geben diese auf eine zielgerichtete Art und Weise weiter. Der theoretische Anteil daran ist für mich, durch *Recherche und Nachdenken* zu einer fundierten Idee zu gelangen, für diese Idee ein sinnvolles *Ziel* zu definieren und herauszuarbeiten, *wie* sich dieses Ziel adressatenorientiert am besten erreichen lässt. Die Umsetzung dieser Überlegungen in etwas Greif-, Anschau- oder Erlebbares ist die praktische Gestaltung. Beide Bereiche sind untrennbar miteinander verbunden. Ohne Markt- und AdressatInnenanalyse sowie ein tiefes Verständnis des Problems, das gelöst, oder des Bedarfs, der gedeckt werden soll,

---

1 Mein Literaturtipp zum Thema Design-Theorie – was sie ist und warum DesignerInnen Theorie benötigen – ist das Buch „no no position: die Designer/der Designer/das Design" (Erasmus 2012).

kann im Designprozess keine gute Gestaltung entstehen. „Aber gute Gestaltung braucht keine Worte." Wie oft ich diese Aussage gehört habe, kann ich nicht mehr zählen. Sie ist falsch, da Texte und Sprache für DesignerInnen als Instrument der täglichen Kommunikation eine wichtige Rolle spielen:

1. Im Design – als Gestaltungswerkzeug

Besonders für KommunikationsdesignerInnen ist Text oft ein wichtiger Bestandteil der Gestaltung. Welche Marke kommt ohne Wortmarke oder Slogan aus? Welches Corporate Design funktioniert rein visuell – ohne Mission Statement? Folgende Funktionen des Schreibens im und für Design werden in diesem Buch aufgegriffen:

- Wortmaterial sammeln und damit spielen (Kapitel 2.1),
- die eigene Wahrnehmung der Welt schärfen: Augenfutter finden und lernen hinzuschauen (Kapitel 2.2.1),
- die eigene Wahrnehmung nach innen schärfen: Themen subjektiv explorieren (Kapitel 2.2.2),
- einen Perspektivwechsel vollziehen: AdressatInnen- und LeserInnenorientierung anstreben (Kapitel 2.2.3),
- den eigenen Sprachstil weiterentwickeln: Bildhaft schreiben, Geschichten erzählen (Kapitel 2.4),
- kooperativ schreiben (Kapitel 2.5) und
- Spaß haben (Kapitel 2.6).

Wählst du aus Gewohnheit immer wieder eine bestimmte Vorgehensweise oder die gleichen Methoden beim Gestalten? Vielleicht kennst du das Buch „Auf der Serviette erklärt" (Roam 2009) und würdest mir dein aktuelles Projekt auf ein Stück Papier skizzieren und dabei erklären. Es ist absolut menschlich mit dem zu arbeiten, was man kennt. Aber aus Vertrautheit und Gewohnheit entsteht selten etwas Neues. Tolle Ideen krabbeln oft aus unerwarteten Ecken hervor (vgl. Hunt 2009, S. 40). Daher möchte ich dich mit diesem Buch dazu ermutigen, dir einen Methodenmix über die visuelle Sprache hinaus zu erarbeiten: Werde mehrsprachig! Aus einer Kiste mit unterschiedlichen Legosteinen kann man interessantere Dinge bauen, als mit tausend einfarbigen 4er-Klötzen.

Design und Schreiben haben mehr gemeinsam, als man denkt. Abbildung 1 zeigt den Gestaltungs- und Schreibprozess für einen längeren Text. Er ist quasi gleich.

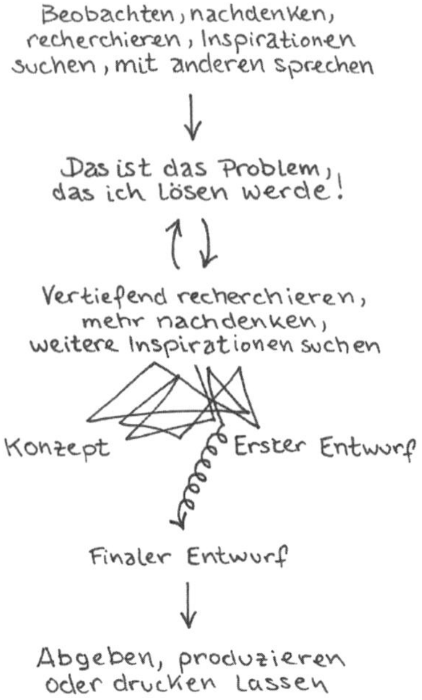

Beobachten, nachdenken,
recherchieren, Inspirationen
suchen, mit anderen sprechen

↓

Das ist das Problem,
das ich lösen werde!

↑ ↓

Vertiefend recherchieren,
mehr nachdenken,
weitere Inspirationen suchen

Konzept   Erster Entwurf

Finaler Entwurf

↓

Abgeben, produzieren
oder drucken lassen

Abbildung 1: Gestaltungs- und Schreibprozess

Nutze alle möglichen und unmöglichen Medien, um deine Ideen in die Welt zu bringen. Dazu gehören natürlich verschiedene visuelle Methoden, die du im Studium ausprobieren und lernen kannst. Aber eben auch Geschichten, Gedichte, Spiele, Texte ... Und hierfür sind Wörter – und damit das Schreiben – entscheidend.

2. Im Designprozess – zur Reflexion

Wie aus den ersten Überlegungen und Ideen etwas fertig Gestaltetes wird, ist für viele DesignerInnen ein Mysterium, das nicht durch Worte entzaubert werden sollte. Diese GestalterInnen arbeiten intuitiv und möchten das Besondere ihrer Arbeit nicht durch schriftliche Erklärungen entmystifizieren. Aber um sich selbst als DesignerIn weiterzuentwickeln, hilft es ungemein, Vorgehensweisen und Gedanken aufzuschreiben und schreibend über den Gestaltungsprozess nachzudenken. Dieser Ansatz der Professionalisierung nennt sich *reflective practitioner* also reflektierender Praktiker (Schön 1983). Dabei macht man sich unbewusste Prozesse bewusst, so dass es möglich wird, den Gestaltungsprozess zu steuern.

Diese reflektierende Funktion des Schreibens wird immer wieder durch verschiedene Übungen in diesem Buch aufgegriffen. Zum Beispiel in Kapitel 2.3.

3. Über Design – als Kommunikationsinstrument

Gestaltung hat oft konkrete AuftraggeberInnen und AdressatInnen mit denen DesignerInnen über ihre Gestaltung kommunizieren. Außerdem wird nur sehr selten allein gestaltet; man muss mit KollegInnen oder Vorgesetzten über Gestaltung sprechen.

Damit du deine Designideen und -lösungen erklären und mit mehr als deinem persönlichen Geschmack argumentieren kannst, ist es wichtig, Texte über Design schreiben zu können. Gestaltung sollte mittels stichhaltiger Kriterien diskutiert werden. Sonst bestünde die Gefahr, dass das Klischee verstärkt wird, dass DesignerInnen nur *schön machen*. Wenn wir selbst diese Vorstellung verbreiten, weichen wir die Professionalität unserer Disziplin auf. Der Trend, dass sich immer mehr Laien an Gestaltungsaufgaben versuchen, würde dann fortgeführt.

Im Rahmen deines Studiums musst du vermutlich Praxisberichte zu Berufspraktika und Dokumentationen deiner Projekte schreiben. Im Laufe des Studiums lernst du dadurch, über deine Gestaltung zu schreiben und anderen zu erklären, was es damit auf sich hat; welche Überlegungen dahinterstecken. Das ist die designspezifische Form des akademischen Schreibens und ihr ist Kapitel 3 dieses Buchs gewidmet.

Der umfassendste wissenschaftliche Text, den du im Studium schreiben wirst, ist deine Bachelorarbeit. Diese enthält einen theoretischen Rechercheteil, der dein Design begründet und verortet. Für eine solche umfangreiche Arbeit ist es wichtig, sich mit dem Schreibprozess zu beschäftigen. Hierfür findest du in Kapitel 4 Informationen und Übungen, die dir beim Schreiben der Abschlussarbeit helfen.

4. Für die Fachdisziplin Design

Das Schreiben hilft dir dabei, dir selbst und anderen begreiflich zu machen, was Design für dich ist und was deine Identität als DesignerIn ausmacht. Design als eigenes akademisches Fachgebiet ist im Vergleich zu angrenzenden Disziplinen aus Handwerk, Ingenieurwissenschaften und Kunst noch sehr jung. Es ist bisher nicht etabliert, welche Rolle Design in unserer Gesellschaft spielt. Du bist Teil der Design-Community und solltest daher wissen, wie du dein Fach begreifst und dich darin verortest oder verstehst.

Während des Studiums wirst du vermutlich mindestens eine wissenschaftliche Hausarbeit schreiben. Diese Form des Schreibens soll dir helfen, am schriftlichen Diskurs deines Faches teilzunehmen. Alle DesignerInnen können ihr Fachgebiet weiterbringen und etwas zur Fach-Community beitragen. Viele GestalterInnen schreiben beispielsweise Blogs, in denen sie sich zu Trends und Themen im Design positionieren.

5. Als Teil der Gesellschaft

Ziel eines Studiums ist es auch, dich zur mündigen Teilhabe an der Gesellschaft zu befähigen. Sprache ist Teil unserer täglichen Kommunikation. Wenn du dich mit dem Schreiben beschäftigst, wirst du verstehen, wie mit Sprache informiert und manchmal auch manipuliert wird.

Das Schreiben erfüllt für DesignerInnen also eine Vielzahl an Funktionen. Es (er)klärt, strukturiert, sammelt, entwickelt dich und deine Gestaltung weiter, informiert, (be)wirbt oder beeinflusst. Schreiben ist ein Gestaltungsinstrument für sich, mit dem im Designprozess gearbeitet werden kann und Texte sind oft Teil von Design. Das Schreiben hat für DesignerInnen auch eine symbolische Funktion bei der Selbstvermarktung: über Texte kannst du dich selber darstellen, eine Identität als DesignerIn entwickeln und diese nach außen projizieren. Deine Texte gehören genauso zu deinem Portfolio, wie deine gestalteten Produkte.

Exkurs: Die Berufspraxis
(vgl. Erasmus 2012, S. 47ff.)

- Als DesignerIn arbeitest du meist für AuftraggeberInnen. Das heißt, dass du dir nur selten aussuchen kannst, an welchen Themen du arbeitest und mit welchem Ziel du diese kommunizierst.

- Deine Gestaltung richtet sich nicht an dich selbst, sondern an die AdressatInnen, die deine AuftraggeberInnen ansprechen möchten. Du solltest Zeit investieren herauszufinden, was deine AdressatInnen wollen und brauchen, worauf sie anspringen. Dazu gehört es, deine persönlichen Vorlieben und Ansichten zurückzustellen.

- Dein Design unterliegt immer Zwängen – meist zeitlichen und finanziellen. Nicht immer ist die perfekte Lösung möglich, manchmal muss es die schnelle und günstige sein.

- Andere Beteiligte – meist die AuftraggeberInnen – werden dir in deine Gestaltung hineinreden: „So nicht. Wir wollen das heller/größer/bunter ..." Das kann nervig oder sogar frustrierend sein, lässt sich aber selten ändern. Nur wenige AuftraggeberInnen werden sich von dir umfänglich beraten und dich frei gestalten lassen. Manchmal verstehen sie deine Rolle als UmsetzerIn von Ideen, die sie ohne dich hatten.

- Du wirst als DesignerIn immer wieder zwischen den beiden Polen objektives Umsetzen und subjektives Designen mit eigenem Gestaltungsstil wandern. Versuch möglichst früh bei der Vertragsverhandlung und auch während des Auftrags eine Rollenklärung vorzunehmen und auszuhandeln: Was genau erwarten meine AuftraggeberInnen? Was ist mein Anspruch als DesignerIn? Kommt ihr zusammen? Kannst du damit leben, eine für dich unbefriedigende Gestaltung umzusetzen? Oder kannst du die Ideen deiner AuftraggeberInnen soweit berücksichtigen, dass sie sich mit deinem Design identifizieren?

Kapitel 2: Lust am und Mut zum Schreiben entwickeln

Spaß – das ist für viele DesignerInnen nicht das Erste, woran sie beim Schreiben denken. Aber: nur was dir Spaß macht, wirst du regelmäßig tun und als Werkzeug für deine Gestaltung nutzen. Spaß machen uns meistens die Tätigkeiten, bei denen wir das Gefühl haben, sie gut zu können. Was wir tun, liefert Ergebnisse, mit denen wir zufrieden sind. Das nennt sich Selbstwirksamkeit.

Es kann sein, dass du beim Schreiben eine anfängliche Unlust überwinden musst. Lass dich trotzdem eine Zeit lang auf das Schreiben ein und blende alle eher negativen Erfahrungen aus, die du damit vielleicht in der Schule, im Studium und im Privatleben verbindest. Mit diesem Buch wirst du ganz neue Herangehensweisen kennenlernen, die dir hoffentlich das Gefühl der Selbstwirksamkeit beim Schreiben vermitteln.

Mit dem Schreiben ist es ein bisschen wie mit deinem Kleiderschrank. Es gibt Dinge, die du sammelst, weil du sie schön findest (bunte Socken, Schals, Schuhe: Wörter, Begriffe oder Ausdrücke). Du kannst vieles ausprobieren beim Schreiben (anprobieren). Für verschiedene Anlässe gibt es ein eigenes Outfit (Anzüge: formell, offiziell, wichtig; Partyklamotten: wild, provokativ, bling-bling). Es kann Texte geben, mit denen du dich nicht wohl fühlst. Vielleicht ist das der formelle Anzug (wissenschaftlicher Text). Er passt dir nicht richtig und du weißt nicht, wie du dich darin bewegen sollst, ohne komisch zu wirken. Unter einem Text kann es eine zweite Schicht geben, die niemand sieht (deine Unterwäsche). Das sind Dinge, die du selber weißt und beabsichtigst, aber nicht in deine Texte einfließen lassen möchtest. Keiner soll sie herauslesen. Dazu können beispielsweise Gefühle, Ängste, Hoffnungen oder Intentionen gehören, die deinen Text begleiten: ProfessorInnen davon überzeugen, dass du es auch wissenschaftlich drauf hast oder hoffentlich genug Informationen und Wissen recherchiert hast, um mit einer Hausarbeit die letzten noch fehlenden ECTS-Punkte im Studium zu sammeln. Diese Erfahrungen und Gefühle sind beim Schreiben normal – fast alle AutorInnen haben sie.

Ein Prinzip, das dich beim Schreiben, im Studium und in deinem weiteren Leben begleiten kann, ist das dynamische Selbstkonzept. Die Psychologin Carol Dweck hat es durch Studien mit Schulkindern entdeckt und erforscht seitdem den positiven Einfluss, den diese Lebenshaltung hat. Ein dynamisches Selbstbild zeichnet sich dadurch aus, dass man sich nicht von Fehlern oder Misserfolgen demotivieren lässt, sondern stattdessen mehr Zeit und Anstrengung in eine bestimmte Aufgabe steckt. Dabei ist es wichtig, neue Lernstrategien auszuprobieren und sich Rückmeldung oder Hilfe von anderen zu holen. Hinter dieser Denkweise steckt die Überzeugung, dass es zwar so etwas wie angeborenes Talent gibt, aber jeder Mensch durch Üben fast alles lernen kann.

Es gibt einen starken Zusammenhang zwischen dem Selbstbild und dem, was im Leben erreicht wird. Indem man mit einer offenen Haltung an Herausforderungen herangeht, werden Misserfolge nicht als abschließender Beweis für die eigene Unzulänglichkeit gesehen. Stattdessen werden sie als korrigierendes Feedback gedeutet, das einen alternativen Weg zum Ziel eröffnet.

Das Gegenteil dieser positiven Denkweise ist das starre Selbstbild, bei dem Menschen akzeptieren, dass sie etwas nicht können. Deshalb geben sie schnell auf, wenn sie scheitern. Viele denken so bezüglich bestimmter Eigenschaften wie ihrer Intelligenz oder Kreativität. Sie glauben, dass sich diese nicht steigern lassen.

Dein Selbstbild ist keine feste Charaktereigenschaft, sondern wird beispielsweise durch deine Eltern und LehrerInnen geprägt. Du selber kannst es ebenfalls ändern und beeinflussen (Dweck 2009). Wenn du dich von Rückschlägen schnell demotivieren lässt und öfter das Gefühl hast, dass du ein Problem mit Kritik hast (diese dich beispielsweise persönlich verletzt), könnte es sich lohnen, Dwecks Buch zu lesen und an deinem Selbstbild zu arbeiten.

Was hat das nun mit dem Schreiben zu tun? Mir ist wichtig, dass du zum Schreiben möglichst ein dynamisches Selbstbild hast. Glaube daran, dass du es durch Üben lernen kannst. Alle Studierenden, die ich bisher beim Schreiben unterstützt habe, haben sich deutlich weiterentwickelt. Daher weiß ich, dass jeder Mensch lernen kann, gut zu schreiben.

Und das geht am besten, indem du es tust. Du brauchst dafür ein paar Übungen, die dir helfen zu trainieren und Rückmeldung von anderen, die mehr Erfahrung mit dem Schreiben haben als du. Damit findest du heraus, was du bereits gut oder sehr gut machst und welche Bereiche du beim Schreiben weiterentwickeln kannst.

So wie durch das Zeichnen ein individueller Zeichenstil entsteht, wirst du durch regelmäßiges Schreiben deinen eigenen Schreibstil herausbilden und deine Schreibstimme entdecken. Du erweiterst als DesignerIn deine Werkzeugkiste und kannst für deine Gestaltung aus mehr Methoden als bisher schöpfen.

Dafür findest du im restlichen Buch eine Vielzahl von Übungen, die dir ganz unterschiedliche Zugänge zum Schreiben ermöglichen. Du wirst feststellen, dass sich dadurch etwas an deiner Gestaltung verändert. Sie wird diverser, anders, besser.

2.1 Ein Sammelmedium für deine Ideen, Gedanken und Texte: dein Sudelbuch

„Der kreative Geist spielt mit den Objekten, die er liebt."[2] Damit du etwas zum Spielen hast, benötigst du ein Reservoir für deine Beobachtungen, Ideen und dein Textmaterial. Eine Funktion des Schreibens bzw. des Notierens für DesignerInnen ist das Sammeln, Bewerten sowie Kommentieren. Und zwar in Form von Wörtern, Satzfetzen, Zitaten, Formulierungen, Ideen, Absätzen, ganzen Texten, Gedanken, Problemen, Notizen und und und. Jedes Stück Text kann dir zur richtigen Zeit im richtigen Projekt nützlich sein.

Nichts spricht dagegen, zukünftig in dein Skizzenbuch zu schreiben. Du kannst dir aber auch ein Notizbuch speziell für das Schreiben anschaffen und dieses für deine Texte reservieren. Es gibt Menschen, für die das Material, mit dem sie arbeiten, eine Rolle spielt. Wenn das bei dir so ist, such dir für das Schreiben dein persönliches Lieblingsnotizbuch aus. Es gibt sie mit und ohne Linien,

---

2   Carl Gustav Jung

Kästchen oder Punktraster. Es gibt dünnes, sehr glattes Papier oder raues, dickes; weißes, gelbliches und Recycling-Papier.

Lynda Barry, deren Comics du vielleicht kennst, nutzt beispielsweise nur Schmierpapier oder allerhöchstens günstige Schulhefte für ihre Zeichnungen. Unbenutztes Papier ist ihr zu wertvoll, um darauf zu skizzieren. Da kommen bei ihr sofort Schreib- und Zeichenblockaden auf (Barry 2010, S. 102). Wenn das bei dir ähnlich ist und du dein Notizbuch nicht durch einen „schlechten" Text verhunzen möchtest, versuch es doch mit losen Blättern, die du in dein Notizbuch einklebst. Oder nutze ein Buch mit Spiralbindung, aus dem du ohne Probleme Seiten herausreißen kannst.

Wenn Material für dich keine Rolle spielt, empfehle ich dir für das Schreiben und Zeichnen ein gemeinsames Notiz- und Skizzenbuch zu nutzen. So musst du nicht mehrere mit dir herumschleppen und kannst im Zweifelsfall spontan entscheiden, ob du zeichnen und/oder schreiben möchtest.[3]

Für die Wahl des Stiftes bist du im Rahmen deiner bisherigen Kurse an der Hochschule bestimmt schon auf unterschiedliche Varianten gestoßen. Im Zeichenunterricht meiner Hochschule werden verschiedene Bleistifte und Pinselstifte, aber auch Kulis, Füller, Filzstifte und Fineliner ausprobiert. Erlaubt ist auch beim Schreiben, was gefällt. Nutze einen Stift mit dem du das Gefühl hast, mühelos und einfach schreiben zu können. Dann tut dir nicht nach kürzester Zeit der Arm weh.

Probiere ein bisschen herum, bis du den Stift und das Notizbuch findest, die für Dich funktionieren. Aber nimm die Suche nach dem perfekten Arbeitsmaterial nicht als Ausrede, um nicht zu schreiben. Und wenn es der blinkende Cursor ist, der dich inspiriert, dann leg dir eine Notizdatei auf deinem Rechner an.

Dein Notizbuch – egal ob analog oder digital – ist ein bewertungsfreier Raum. Keiner sagt dir, was du damit machen sollst. Es gibt weder inhaltliche, noch strukturelle Vorgaben, die du erfüllen musst. Du hast lediglich einen Stapel weißer Blätter, die ein riesiges Potential bergen. Was du in dein Notizbuch hineinschreibst, kann vorläu-

---

3 Für mich gehören Zeichnen und Notieren zusammen. Falls du auch an deinem Skizzierstil arbeiten möchtest empfehle ich dir die Bücher von Peter Jenny, z.B. „Anleitung zum falschen Zeichnen".

fig und unausgegoren sein. Niemand außer dir wird es sehen – es sei denn, du möchtest es zeigen.

„Nulla dies sine linea!" – Kein Tag ohne eine Zeile zu schreiben. Das schrieb der Dichter Gottfried Benn.[4] Es gibt viele berühmte Notierer, die dich durch ihre meist tägliche Notierpraxis inspirieren können. Guck dir von ihnen ab, wie du das notierende Schreiben für dich nutzen kannst.

Benjamin Franklin strebte moralische Perfektion an und versuchte sich an 13 Werten zu orientieren, um dieses Ziel zu erreichen. Mittels seines Notizbuchs mit Seiten aus Elfenbein (die man immer wieder radieren konnte) verfolgte er über Jahre, in wie weit er sein Wertesystem verletzte oder ob sein Verhalten moralischer wurde. Sein Notieren war Selbstprüfung und Bekenntnis der eigenen Erfolge und Unzulänglichkeiten.

Der Autor Mark Twain nutzte sein Notizbuch zunächst, um für seinen Beruf als Steuermann eines Mississippi-Dampfschiffs wichtige Informationen festzuhalten. Später notierte er darin Ideen und Texte für seine Bücher.

Den Namen R2D2 schrieb George Lucas in sein Notizbuch, während er für einen anderen Film die Tonspur gemixt hat. Ein Kollege nutzte diese Abkürzung und Lucas gefiel der Klang.

Der Musiker Nick Cave führte viele Notiz- und Tagebücher. Darin findet sich neben Heiligen- und Pin-up-Bildern ein alphabetisch sortiertes Glossar ungewöhnlicher und seltener Wörter für seine Liedtexte.

Die Designerin Susan Kare entwickelte die ersten Icons für Apple mit Hilfe eines karierten Notizbuchs.

Du siehst: Dein Notizbuch kann verschiedene Zwecke erfüllen. Zum einen: gar keinen. Es ist ein Ort, an dem du mit Wörtern doodeln kannst. Ganz frei. Viele gute Ideen und Lösungen entstehen, wenn man gerade kein Ziel verfolgt: beim Spielen (vgl. Hunt 2009, S. 32). Dafür bietet dir dein Notizbuch einen Raum. Gleichzeitig ist es ein Ort, an dem du sammeln kannst – sowohl interessante Textaus-

---

4   Dieses Zitat stammt aus dem Buch „Schreiben Tag für Tag. Journal und Tagebuch" (Schärf 2012, S. 25).

schnitte, Zitate, Wörter und zufällig belauschte Gespräche als auch Skizzen und Bilder, aus Zeitungen Ausgeschnittenes oder aus dem Internet Ausgedrucktes. Für manche dieser Schnipsel hast du ein konkretes Projekt vor Augen, an dem du gerade arbeitest, manches sammelst du zunächst zwecklos auf Vorrat.

Das eine ist frei und spontan, das andere ist etwas kontrollierter und zielgerichteter. Genieß diese Spannung zwischen freiem Herumtreiben oder sogar Anarchie und deinem „Dienst am Projekt" (vgl. Ortheil 2012a, S. 146). Sammle in deinem Notizbuch Textfragmente und Versatzstücke, die „Teil eines möglichen Ganzen" (Ortheil 2012b, S. 52) werden können, aber nicht müssen.

Außerdem kann dir dein Notizbuch dabei helfen, deinen Arbeitsprozess zu dokumentieren. Wenn du parallel zum Gestalten über den Designprozess eine Art Tagebuch führst, dann hast du eine Chronologie deiner Gedanken und Ideen. Verwechsle diese Form des Arbeitsjournals jedoch nicht mit einem echten Tagebuch. Es geht nicht darum, deine Befindlichkeiten und täglichen Geschehnisse oder Begegnungen festzuhalten, sondern das zu notieren, was dir auffällt und was du beobachtest (an dir und anderen), während du an einem Projekt arbeitest: Geschichten, Zusammenhänge, Gedanken. Deine Vorgehensweise zu reflektieren hilft dir dabei, deine Gestaltungspraxis weiterzuentwickeln.

Im Rest dieses Kapitels findest du Übungen dazu, wie du dein Notizbuch mit Skizzentexten oder Notaten anreichern kannst. Damit wirst du neue Wege gehen, wenn du Textmaterial sammelst oder Ideen für dein Projekt entwickelst. Manche der Übungen kommen dir vielleicht zu abstrakt vor; du verstehst nicht, was genau gemeint ist oder wie die Übung *richtig* geht. Ich habe versucht eine Balance zu finden zwischen zu konkreten Anweisungen, die dir jegliche Freiheit beim Schreiben nehmen, und zu wenig Anleitung, so dass die Übung unverständlich wird. Durch zu starre Regeln kann der Spaß beim kreativen Schreiben verloren gehen. Schreibend wirst du selber herausfinden, wie du die Übungen nutzen möchtest. Dabei gibt es kein richtig und falsch, sondern nur genug Aufmerksamkeit und vielleicht auch Anstrengung, damit für dich etwas dabei herauskommt.

Beim Schreiben und Gestalten im Studium sollte es nicht (immer) um Effizienz gehen. Niemand kann dir sagen, was du wann und wie machen musst, um möglichst schnell zum Ziel zu kommen. Kreativarbeit ist ein mäandernder Weg, den du selber findest. Spiel herum, nimm falsche Abzweige, lerne dazu und komm an deinem Ziel an. Was du durch ein solches Schreiben lernst, ist direkt auf deine Gestaltung übertragbar. Manchmal ist die beste Arbeitsanweisung: Verbringe etwas Zeit mit der Aufgabe.

Regelmäßiges Notieren

Und jetzt leg los: Schreibe zwei Wochen lang regelmäßig jeden Tag. Du kannst hierfür eine der Übungen aus den nächsten Kapiteln ausprobieren. Mach die gleiche Schreibaufgabe täglich und beobachte dich dabei: Entwickelt sich etwas, wenn du wiederholt die gleiche Übung machst? Vielleicht deine Sprache, deine Wahrnehmung, oder etwas ganz anderes? Wird dir langweilig? Warum? Auch diese Beobachtungen oder Reflexionen solltest du notieren. Wichtig ist, dass du eine Zeit lang durchhältst. Sonst entsteht kein Effekt. Tägliches Notieren – ohne konkreten Sinn und Zweck – ist jedoch nicht einfach. Manchmal denkst du, dass du keine Zeit hast, oder dass dir nichts einfällt. Versuche dennoch weiterzumachen.

Viel Interessantes und Hilfreiches zum Führen eines Notizbuchs findest du im notizbuchblog von Christian Mähler. Unter anderem gibt es einen Eintrag mit Regeln oder eher Tipps dazu, was sich beim Führen eines Notizbuchs bewährt. Beispielsweise jeden Eintrag mit einem Datum zu versehen und wichtige Schlagwörter einzukringeln.[5]

---

5   Diese und weitere Vorschläge findest du hier: www.notizbuchblog.de/2009/05/18/ zuletzt aufgerufen am 11. Mai 2017.

Exkurs: Digitales Schreiben

Ganz generell lassen sich zwei Textformate unterscheiden: analog und digital. Zu den analogen Texten gehören handgeschriebene und gedruckte Texte. Digital ist all das, was an einem Bildschirm gelesen und geschrieben wird. Mit beiden Formaten solltest du vertraut sein und ihre Besonderheiten und Funktionen kennen.

Die meisten Übungen, die im weiteren Verlauf dieses Buches beschrieben werden, sind analog gemeint: Du verwendest Stift und Papier. Das muss aber nicht so sein. Du kannst sie auch dazu nutzen, um das digitale Schreiben auszuprobieren und zu üben. Es spielt eine immer größere Rolle im und für Design und weist einige generelle Aspekte auf, die ich kurz ansprechen möchte:

1. Digitales Schreiben ist schneller. Es kommt unmittelbarer bei den LeserInnen an, ist kurzlebiger und damit niedrigschwelliger. Es geht dabei weniger um Fehlerlosigkeit und perfekte Formulierungen, als um die Aktualität dessen, worüber man schreibt.
2. Digitale Texte sind verlinkt. Das Lesen ist nicht mehr linear wie im Buch. Stattdessen bestimmen die LeserInnen selber, wie sie an Hand von Links durch die Texte auf verschiedenen Webseiten springen. Durch das Wählen und Hin- und Herspringen könnte man also sagen, dass LeserInnen den Gesamttext, den sie lesen, selber „schreiben".
3. Digitale Texte lassen sich sehr einfach suchen, finden, speichern, sammeln, durchsuchen und neu kombinieren.
4. Ein spannender Aspekt der digitalen Welt ist der Zufall. Wie bist du im Internet auf einen Text aufmerksam geworden? Welches Suchwort liefert welche Ergebnisliste? Außerdem gibt es seit 1985 Gedichtautomaten,[6] mit denen du dir automatisiert Zufallsgedichte und damit Texte erstellen lassen kannst.
5. Das digitale Schreiben verbindet und vernetzt. Die traditionell zugewiesenen Rollen *Sender* und *Empfänger* werden aufgeweicht: Du kannst andere Texte liken und kommentieren und damit auf sie antworten. So beginnst du eine Art schriftliches Gespräch mit AutorInnen. Durch das Kommentieren werden LeserInnen selber zu AutorInnen und die eigentlichen AutorInnen eines Textes zu LeserInnen (der Kommentare und Replys).

---

6   Das erste Beispiel, das ich bei meiner Recherche gefunden habe, wurde von Dirk Meier 1985 für den C64 programmiert und hieß Lyric 3.0.

6. Das digitale Schreiben hat oft große Anteile von (Selbst-)Insze-
nierung. Dahinter steckt der Wunsch, ein bestimmtes Image der
eigenen Person zu projizieren. Dieses Bild wird über verschiedene Plattformen wie Facebook, Twitter oder Blogs kommuniziert.

7. „As long as we are a digital culture, all culture is the culture of the
copy."[7] Der Begriff der Autorenschaft verwässert beim digitalen
Schreiben (vgl. 1. und 4. Punkt dieser Aufzählung). Du kannst
Texte oder Bilder anderer nehmen, sie verändern und selber
verwenden und auch veröffentlichen. Das würdest du vielleicht
unter dem Begriff Inspiration verbuchen. Aber Achtung: An der
Hochschule werden viele deiner ProfessorInnen das als Plagiat
einordnen. Und dafür gibt's richtig Ärger – von einer nicht-be-
standenen Prüfung bis zur Exmatrikulation. Mehr zum Thema,
wie du beim Schreiben im Studium korrekt mit Quellen umgehst,
findest du in Kapitel 4.5.

2.2 Schärfung der Wahrnehmung: Augenfutter finden

Für DesignerInnen ist es wichtig, dass sie ihre Umgebung wahrnehmen. Und zwar auf eine ganz besondere Art und Weise: offen und
vorbehaltlos. Auch wenn diese Wahrnehmungsfähigkeit bei manchen Menschen stärker ausgeprägt ist als bei anderen (beispielsweise Sherlock Holmes), so kann sie durch bewusstes Beobachten
und Notieren geschärft und trainiert werden. Ein Designer hat mir
mal gesagt: „Ich suche immer Augenfutter." Je mehr man sieht und
wirklich bewusst wahrnimmt, desto mehr Ideen lassen sich für eine
Gestaltungsaufgabe entwickeln.

Offen zu sein für die Umwelt und auch für das, was in einem
selber vorgeht, ist nicht einfach. Irgendwann zwischen unserer
Kindheit und den späten Teenagerjahren verlieren wir unseren frei-
en und vorurteilslos neugierigen Blick. Für die folgenden Übungen

---

7   Tweet des Poeten Kenneth Goldsmith unter seinem Twitternamen @kg_ubu
vom 22.12.2015.

zur Schärfung deiner Wahrnehmung solltest du bewusst versuchen, eine solche offene und unvoreingenommene Haltung einzunehmen (vgl. Barry 2015a, S. 117 und Schärf 2012, S. 87).

Die Übungen in diesem Kapitel entfalten ihre stärkste Wirkung, wenn du dich regelmäßig und diszipliniert damit beschäftigst. Nachdem du eine Zeit lang täglich geschrieben hast, wirst du feststellen, dass dich diese Praxis energetisiert. Nach wenigen Wochen entwickelst du neue Perspektiven auf und Herangehensweisen an gestalterische Problemlösungen. Dabei spielt deine innere Haltung zum Schreiben eine wichtige Rolle: Sei im Moment, sei präsent, schau hin.

2.2.1 Objektives und beobachtendes Notieren

Versuche zunächst aufzuhören zu denken: dabei passiert oft noch nichts. Sei still, sieh hin und lausche. Was ist da? Beim objektiven Notieren geht es nicht darum zu interpretieren, zu verstehen oder zu liken. Hör nur zu und schau hin. Entnimm deinem Alltag kleine Details, die dir durch das Schreiben in Erinnerung bleiben können und werden.

Aber was ist es wert, dass darüber geschrieben oder dass es gezeichnet wird? Mit anderen Worten: Worüber sollst du schreiben? Über alles, was dich einen Moment pausieren lässt. Dinge, die du für eine bestimmte Zeit anstarrst, bis es dir auffällt. Frag dich, was du bemerkst, wenn du deine Aufmerksamkeit auf das Beobachten richtest. Das können sehr banale Dinge sein, die du dir am besten während des Tages kurz notierst, damit du sie nicht vergisst.

Die Regelmäßigkeit wird dir Muster vor Augen führen und dir helfen, die Welt um dich herum kennenzulernen und andere Menschen besser zu verstehen. Damit dient das Schreiben als Ressource für deine Gestaltung. Es kann sein, dass dich nach ein paar Tagen selber langweilt, worüber du schreibst. Du fragst dich, wen deine Notate interessieren sollen, wenn sie dich selber anöden. Mach dennoch weiter! Es wird sich lohnen.

Exploratives Schreiben

Schreib 10 Dinge auf, die dir noch nicht aufgefallen sind, als du dich hingesetzt und dieses Buch aufgeschlagen hast. Nutze alle deine Sinne. Geh dabei schnell vor und zensiere nicht (vgl. Smith 2008, S. 29).

Präzisieren

Such dir einen Gegenstand aus, der für dich von Interesse ist. Schau ihn dir ganz genau an und beschreibe, wie er aussieht. Du kannst ein bisschen mit deinem Sprachstil experimentieren. Schreibe eine sehr sachliche Version und eine verspielte und poetische. Dann geh dazu über zu erklären, wie der Gegenstand verwendet und benutzt werden kann. Ist das einfach oder schwer? Was passiert dabei mit den NutzerInnen? Abschließend kannst du das Innere des Gegenstandes in den Blick nehmen. Welche Vergleiche fallen dir dazu ein? Was steckt in ihm? Zu welchem Gesamteindruck führt das?

Diese Übung kannst du anwenden, wenn ein bestimmter Gegenstand für deine Gestaltungsaufgabe relevant ist. Versuche durch diese Übung der *Essenz* dieses Gegenstandes näherzukommen (vgl. Ortheil 2012a, S. 76).

Registrieren

Such dir einen Ort, den du spannend findest (etwa ein Café, eine Baustelle, eine Kreuzung oder einen Spielplatz). Nimm eine feste Beobachtungsposition ein, von der aus du einen guten Blick auf die Szene hast. Notiere für 5 bis 10 Minuten alles, was dir ins Auge fällt. Du kannst völlig ungefiltert wirklich alles aufschreiben. Du kannst dich aber auch auf bestimmte Details konzentrieren, Listen anlegen (beispielsweise von allen typographischen Details, von allen Menschen, Hunden, Autos usw.) oder Mustern folgen (alles, was sich bewegt; alles, was rot ist; alles, was Geräusche macht). Wichtig ist, dass du nur beobachtest und nicht bewertest: deine Meinung, Gedanken und Interpretationen nicht hinzufügst.

Dabei versammelst du unscheinbare Details, die beim Lesen poetisch erscheinen können (vgl. Ortheil 2012a, S. 24). Wenn du diese Übung öfter am gleichen Platz machst, beschreibst du damit einen sozialen Raum: Wie nutzen Menschen einen bestimmten Ort? Wie bewegen sie sich dort? Wie interagieren sie miteinander oder mit den Dingen an diesem Ort? Du kannst diese Übung für deine Gestaltungsaufgabe nutzen, wenn du Orte oder Szenen beobachtest, die für deine Idee relevant sind.

Spaziergang

Mit dieser Übung kannst du ein kleines Gebiet erkunden, indem du einen Spaziergang schriftlich fixierst. Gehe durch ein dir bekanntes Revier oder erkunde neue Gegenden, die etwas mit einem deiner Gestaltungsprojekte zu tun haben. Nimm die Details, an denen du vorbeigehst, offen auf, aber bewerte sie nicht. Bleibe bei einer reinen Beschreibung dessen, woran dich dein Weg vorbeiführt. Werde aufmerksam auf das, was du sonst links liegen lassen würdest.

Notiere zunächst deinen Ausgangspunkt, beschreibe vielleicht auch das Wetter, die Jahreszeit und die Stimmung. Während des Spazierengehens solltest du deine Beobachtungen als kontinuierlichen Verlauf notieren. Beschreibe, wo du langgehst, welche Plätze du überquerst etc. Was fällt dir dabei ins Auge? Welchen Menschen begegnest du? Welche Gegenstände siehst du?

Nach dem Spaziergang kannst du dir mit etwas Abstand diese Beobachtungen noch einmal durchlesen und daraus einen Bericht schreiben, der die Eindrücke als Aneinanderreihung von sprachlichen Bildern fixiert.

Du kannst deine Spaziergänge auch zu einer Feldstudie ausdehnen. Gehe immer wieder durch die gleiche Gegend. Fallen dir Menschen auf, die du öfter siehst? Versuche mit ihnen ins Gespräch zu kommen. Was können sie und ihre Geschichten dir über diese Gegend erzählen? Was war dort mal los? Was passiert heutzutage an diesem Ort (vgl. Ortheil 2012b, S. 16 und 25)?

Deine täglichen Beobachtungen

Diese Übung kann dir dabei helfen, deine Umgebung anders wahrzunehmen und dich besser daran zu erinnern, was um dich herum in der Welt passiert. Es ist eine Art Protokoll deiner Erlebnisse und Erfahrungen, die dir ohne das Notieren nach einiger Zeit entgleiten würden. Du hältst inne und gewinnst gleichzeitig Rohstoff für Ideen. Unterteile eine Seite in deinem Notizbuch durch einen senkrechten Strich in der Mitte der Seite und einen waagerechten Strich, so dass 2/3 der Seite oben sind und etwa 1/3 unten. In das obere linke Rechteck schreibst du eine Liste aus 7 bis 10 Dingen, die du an diesem Tag getan hast. In das Rechteck rechts daneben schreibst du eine Liste aus 7 bis 10 Dingen, die dir an diesem Tag ins Auge gestochen sind, die du gesehen und beobachtet hast. In das linke untere Rechteck schreibst du einen Gesprächsfetzen, den du an diesem Tag belauscht hast, und in das rechte untere Rechteck zeichnest du eine Skizze von etwas, das du beobachtet hast.

Es sollte insgesamt nur etwa 5 bis 7 Minuten dauern, die 4 Rechtecke zu füllen. Für beide Listen nimm dir jeweils etwa 2 bis 3 Minuten Zeit. Für das Zitat und die Zeichnung jeweils eine halbe bis eine Minute (Barry 2015a, S. 61ff.).

2.2.2 Subjektives Notieren

Beim Gestalten geht es oft darum, dass du auf dein Bauchgefühl hörst und deinem Instinkt oder deiner Intuition folgst: Was? Wie? Und wieso? Daher ist es wichtig, dass du nicht nur das rein objektive Schreiben und die Wahrnehmung deiner Umgebung trainierst und damit herumexperimentierst. Die folgenden Schreibübungen kannst du nutzen, um mehr über dich und deine Gedanken und Motive herauszufinden. Sie helfen dir, dein inneres Potential zu heben. Wie prägst du selber, wie deine Erfahrungen und Erkenntnisse deine Gestaltung und deine Texte? Welche Ängste, Vorlieben, Bedürfnisse und Wünsche hast du?

Der Zweck liegt auf der Hand: Je mehr du über dich selber weißt, desto gezielter kannst du diese Erkenntnisse für deine Texte und Gestaltungsaufgaben nutzen. Dabei geht es nicht darum, ein möglichst homogenes oder schillerndes Selbstbild von dir zu erstellen, sondern gute sowie schlechte Aspekte über dich herauszufinden und zu reflektieren.

Dinge

Für manche deiner Projekte spielen Gegenstände eine Rolle. Beschreibe ein für dich interessantes oder wichtiges Ding zunächst rein objektiv: Wie lassen sich Aussehen, Haptik, Geruch, Geschmack und Geräusche des Gegenstands mit Worten beschreiben? Du kannst das Ding auch skizzieren, zeichnen oder fotografieren (wenn du magst oder das sinnvoll ist an verschiedenen Orten und zu unterschiedlichen Zeiten). Wie wird es gebraucht? Wann wird es wie berührt? Ist es ein Erinnerungsobjekt? Welche Beziehung besteht zwischen dir (oder den BesitzerInnen) und dem Ding? Welche Gefühle spielen dabei eine Rolle? Welche Sinneseindrücke sind wichtig (vgl. Ortheil 2012b, S. 67)?

Monologisieren

Geh an einen Ort, der dich grundsätzlich interessiert. Sei es, weil du dort viel Zeit verbringst oder weil er eine bestimmte Bedeutung für eins deiner Projekte hat. Suche dir einen Platz, an dem du ein paar Minuten notieren kannst. Folge dann deinem Reflex, während du den Blick streifen lässt: Welche Details springen dich an? Setz dich impulsiv und bewertend mit ihnen auseinander. Wähle starke Verben wie verhuntzen, kotzen, glitzern, strahlen, verpesten, um zu beschreiben, wie du diese Details aufnimmst, wie sie auf dich wirken – auch im Zusammenspiel mit den Menschen, die sich dort aufhalten und ihrem Verhalten.

Schreib zu jedem Detail nur einen oder zwei Sätze und dann geh weiter zum nächsten. Widerstehe dem Impuls, das Beobachtete durch andere Quellen zu ergänzen. Schreib nur über das, was dir direkt zugänglich ist. Welche innere Welt – positiv oder negativ – setzt du dem Beobachteten entgegen? Schrecke nicht davor zurück, deine Abscheu oder Bewunderung deutlich zum Ausdruck zu bringen.

Bei dieser Art des Schreibens geht es nicht darum, die Umgebung umfassend und gänzlich zu beschreiben. Stattdessen ist es ein kurzes beschreibendes Wahrnehmen, welche Reflexe und Assoziationen die Umgebung in dir auslöst: Wie du sie bewertest, wie du dich fühlst (vgl. Ortheil 2012a, S. 50).

Spaziergang – Was im Inneren passiert

Diese Übung ähnelt dem Spaziergang von Seite 27. Nur, dass es diesmal nicht um das Beobachten und Wahrnehmen der Umgebung geht, sondern darum, was diese Umgebung in dir auslöst. Beschreibe während des Spazierengehens, was du fühlst. Wie wirkt die Gegend auf dich? Warum bist du für diese Wirkung gerade jetzt offen? Oder wann wärst du es in deinem Leben gewesen? Kannst du einen passenden Soundtrack für den Spaziergang zusammenstellen? Durch diese Übung kannst du deine Gefühle vertiefen. Beschreibe auch diese Effekte, wenn du sie an dir feststellst (vgl. Ortheil 2012b, S. 20).

Persönliche Listen

Du kannst dein Notizbuch als Sammlung von Vorlieben, Ängsten, Sehnsüchten oder Passionen nutzen und diese für dich klären. Stell dir dafür jeweils eine Frage, die dich wirklich interessiert, und beantworte sie mit einer kurzen Liste (vgl. Ortheil 2012a, S. 89 und 2012b, S. 75f.). Als Inspiration kannst du die Bücher „Fragebuch" (Krogerus & Tschäppler 2012) oder „Fragebogen" (Frisch 1992) verwenden. Beispielhafte Fragen daraus sind:

> „Was fürchten Sie mehr: das Urteil von einem Freund oder das Urteil von Feinden?" (ebd. S. 56)
>
> „Welche Hoffnung haben Sie aufgegeben?" (ebd. S. 29)
>
> „Wie stellen Sie sich Armut vor?" (ebd. S. 83)

Gib dich nicht mit oberflächlichen und alltäglichen Antworten zufrieden, sondern versuche so konkret und präzise zu antworten, wie es geht. Ergänze diese Listen immer weiter, wenn dir zu einem späteren Zeitpunkt mehr einfällt.

Du kannst auch über andere Menschen schreiben, wenn du beispielsweise Fragen stellst wie: Was ist gutes Handeln? Nutze diese Übung, wenn dein Projekt solche allgemeinen Lebensfragen berührt. Diese Übung eignet sich zusätzlich dafür, dich mit deiner eigenen Identität und Praxis als DesignerIn zu beschäftigen.

Interview mit mir selber

Mit dieser Übung kannst du ein Projekt, Thema oder eine Idee subjektiv erforschen: Was denkst du darüber? Was ist dir daran wichtig? Welche Gegenstände oder Begriffe spielen eine Rolle? Wieso?

Schreibe das Alphabet senkrecht untereinander in dein Notizbuch (ein Buchstabe je Zeile). Nun ergänze jeden Buchstaben mit einem Begriff, der mit deinem Thema oder Gestaltungsprojekt zu tun hat. Priorisiere die Begriffe indem du sie von 1 –26 durchnummerierst, je nachdem, wie wichtig sie dir erscheinen. Führe zu jedem

Begriff ein sehr kurzes Interview (maximal 10 Minuten). Dazu können dir KommilitonInnen oder FreundInnen als InterviewerInnen behilflich sein. Wenn du niemanden als MittäterIn haben möchtest, ist das kein Problem. Du kannst ein fiktives Interview mit dir selbst führen. Wähle dafür eine Person aus, die du kennst, und versetz dich in diese Person hinein. Führe in dieser Rolle ein schriftliches Interview mit dir selber.

Der erste Satz könnte in beiden Fällen etwa so lauten: „Liebe/r XY. Wir haben uns ja heute getroffen, damit ich dich zu deinem Projekt interviewe. Du hast mir vorab eine Liste mit Begriffen gegeben und ich möchte gern mit deinem unwichtigsten beginnen. Nummer 26 auf deiner Liste ist ... Welche Verbindung gibt es zwischen diesem Wort und deinem Projekt?"

Antworte mündlich oder schriftliche (je nachdem, ob es ein echtes oder ein fiktives Interview ist) und versuch eine offene, neugierige und positive Haltung einzunehmen. Die fiktive oder reale Person, die dich interviewt, dient im weiteren Verlauf des Gesprächs als Impulsgeberin und Nachfragende. Wenn es sich um ein reales Interview handelt, solltet ihr versuchen, eure Antworten gegenseitig zu notieren. Anschließend kannst du diese Mitschriften in der richtigen Reihenfolge in dein Notizbuch kleben.

Besprecht so viele Begriffe deiner Liste in 10-minütigen Interviews, wie für deinen Klärungsprozess notwendig oder interessant. Fang alternativ mit dem wichtigsten oder unwichtigsten Begriff an. Genauso gut kannst du auf die Priorisierung verzichten und das Alphabet von A –Z oder Z –A durchgehen (vgl. Ortheil 2014, S. 30). Da jedes Interview etwa 10 Minuten dauert, würdest du für alle Begriffe inklusive einiger Pausen etwa ein bis zwei Tage benötigen.

Du kannst diese Kurzinterviews auch direkt schriftlich führen, indem du mit jemandem chattest, whats-appst oder SMS schreibst. Nehmt euch bei einem schriftlichen Interview beispielsweise für jeden Tag einen Begriff vor.

Subjektive Erinnerungen

Lies dir die Übung „Lass die Geschichte zu dir kommen" auf Seite 48 durch. Du kannst diese Übung zum Geschichtenspinnen auch nutzen, um dich selber und deine Vergangenheit besser kennenzulernen. So kannst du dein biographisches Potential besser in deine Gestaltung einfließen lassen.

Tägliches Kommentieren

Nutze deine täglichen Beobachtungen (s. Seite 22), um Dinge zu kommentieren, die dir ins Auge gestochen sind. Dabei geht es nicht darum, direkt über dich selber zu schreiben, wie du etwas findest oder einschätzt. Stattdessen beschreibst du durch diese Übung die Besonderheiten deiner persönlichen Wahrnehmung des Alltags: Reagiere auf etwas, das du erlebst, aber vermeide daraus eine Moralbotschaft zu machen. Gute (und witzige) Beispiele für solche zugespitzten Kommentare des Alltäglichen findest du auf Twitter beispielsweise bei den Accounts von @FrauMimimi, @Marlene-Hellene, @VancityReynolds, @RalfPodszus, @KleineHyaene und @NeinQuarterly.

2.2.3 Perspektivwechsel

Design ist für AdressatInnen, das Schreiben ist für LeserInnen: Manchmal musst du mit neuen Augen sehen, um zu wissen, was von dir erwartet, verstanden, gebraucht oder gewünscht wird. Nimm dafür ein *beginner's mindset* ein, um dem näher zu kommen. Das bedeutet, dass Du alles in Frage stellst, nicht (be)wertest, wirklich und wahrhaftig neugierig bist, nach Mustern suchst, zuhörst und deine persönlichen An- und Absichten zurückstellst.

Diese Idee findest du in der Methode und Denkweise des Design Thinking wieder. Sie wurde unter anderem von David Kelley bei der Agentur IDEO entwickelt und wird mittlerweile an den beiden D-Schools in Stanford und Potsdam weitergegeben. Durch den Design-Thinking-Prozess werden Produkte oder Dienstleistungen entwickelt, die zu den AdressatInnen und ihren Bedürfnissen und Wünschen passen. Beim Schreiben geht es darum, Texte zu verfassen, die zu den LeserInnen passen.

Im ersten Schritt des Design-Thinking-Prozesses entwickelst du zunächst Empathie mit deinen AdressatInnen. Wer sind deine LeserInnen? Gibt es KernadressatInnen und eine erweiterte LeserInnengruppe für deinen Text? Welche Annahmen machst du über sie? Worauf basieren deine Annahmen? Kannst du einige davon bestätigen und damit in Einsichten umwandeln? Hierfür gibt es beim Design Thinking drei Vorgehensweisen:

- *try and do* (Ausprobieren und Selbermachen)
- *watch and observe* (Zuschauen und Beobachten)
- *ask and listen* (Nachfragen und Zuhören)[8]

Die folgenden schriftlichen Übungen nutzen die beiden Prinzipien Zuschauen und Beobachten sowie Nachfragen und Zuhören, um deinen AdressatInnen und LeserInnen näher zu kommen.

Ethnologisches Schreiben

Wenn es dir um ein tiefgehendes Verständnis oder generelle Erkenntnisse bezüglich deiner GestaltungsadressatInnen geht, kann dir diese Übung helfen. Du schlüsselst deine AdressatInnen ein Stück weit für dich auf und kannst sie sowie ihre Wünsche und Bedarfe besser verstehen. Analog zum Prinzip Zuschauen und Beobachten im Design Thinking beobachtest du deine AdressatInnen und kannst ihr Verhalten auf die folgende Art und Weise beschreiben:

Mach dir zunächst eine Liste mit Orten, an denen du deine AdressatInnen und das dich interessierende Verhalten beobachten kannst. Such dir dort einen Platz von dem aus du gut beobachten und schreiben kannst. Nimm dir nun etwas Zeit, deinen AdressatInnen an diesem Ort zuzuschauen. Was tun sie? Wie tun sie es? Welche Gegenstände nutzen sie? Welche Gefühle erkennst du?

Notiere dir nach der Beobachtungsphase, was du dadurch bezüglich deines Gestaltungsprojektes herausgefunden hast. Halte alle Fragen fest, die noch offen sind. Wichtig ist, dass du das beobachtete Verhalten nicht subjektiv vor deinem eigenen Erfahrungshorizont bewertest und interpretierst. Hinterfrage deine Annahmen.

In einem nächsten Schritt kannst du deine AdressatInnen ansprechen und die offenen Fragen klären. Interviewe sie und höre genau hin. Mach dir dabei Notizen. Du nutzt damit ein weiteres Prinzip des Design-Thinking-Ansatzes – Nachfragen und Zuhören.

---

8   Zum Thema Design Thinking gibt es mittlerweile viele Bücher. Ich kann dir „Digital Innovation Playbook" (Dark Horse Innovation 2016) und „Durch die Decke denken" (Erbeldinger & Ramge 2013) empfehlen. Beide sind inhaltlich und visuell sehr gut gemacht.

Schreibe aus deinen Beobachtungen und den anschließenden Befragungen einen ethnologischen Text, indem du das Verhalten oder die Gegenstände und Räume aus der Perspektive deiner AdressatInnen beschreibst. Alternativ kannst du auch überspitzt als ethnologische/r ForscherIn schreiben. Denk an Natur- und KulturforscherInnen, die zum ersten Mal auf eine unbekannte Spezies oder Kultur treffen und versuchen, diese zu beschreiben und das Verhalten sowie die benutzten Gegenstände zu interpretieren (vgl. Ortheil 2012b, S. 109).

Diese Übung hilft dir dabei, eine besondere Perspektive beim Schreiben einzunehmen: eine forschende. Werde ein/e passionierte/r EthnologIn, der oder die sich dem Lieblingsforschungsobjekt widmen darf. Sei begeistert.

Porträtieren

Such dir eine AdressatInnengruppe aus und schreibe eine Charakterbeschreibung für sie. Damit du keine Allgemeinplätze und Vorurteile zusammenträgst, solltest du deine AdressatInnen eine Zeit lang beobachten. Nimm ein *beginner's mindset* ein und stell dein Vorwissen zurück. Schreibe zu jedem Detail, das dir auffällt, einen Satz im Präsens, den du fortlaufend nummerierst. Die Gegenwartsform verdeutlicht die Allgemeingültigkeit deiner Beschreibungen.

Versuche so konkret wie möglich zu werden und halte dich von abstrakten Charakterzuschreibungen wie hochnäsig, kindisch oder sportbegeistert fern. Stattdessen kannst du beschreiben, wie genau sich solche Eigenschaften beobachten lassen und zeigen (beispielsweise den anderen Kunden beachtet er nicht und ist ganz selbstfixiert in seiner Suche nach einer neuen Krawatte). Inszeniere die AdressatInnengruppe an einem bestimmten Ort: Wo tritt dieser *Typus* Mensch auf? Womit umgibt er sich? Womit interagiert er? Versuche nicht zu kommentieren und zu werten, sondern viele Einzelbeobachtungen zu schreiben, die ein interessantes und tiefes Porträt ergeben (vgl. Ortheil 2012a, S. 55).

AdressatInnen-Interview

Sprich mit deinen AdressatInnen, hör ihnen zu und lerne sie als Menschen kennen: Mit wem musst du dafür reden? An welchen Orten würdest du etwas über deine AdressatInnen herausfinden?

Für dieses Interview solltest du dir vorab ein paar Fragen überlegen. Was möchtest du über deine AdressatInnen herausfinden, um sie besser zu verstehen? Was erhoffst du über ihre Motivation und Frustrationen zu lernen? Notiere dir erst einige spezifische Fragen, die du stellen möchtest. Anschließend überleg dir ein paar Fragen, um etwas über die Hoffnungen, Träume, Ängste und Ziele deiner AdressatInnen bzw. LeserInnen herauszufinden.

Eine Geschichte von jemandem, den du kennst

Überleg dir, wer deine AdressatInnen sind. Mach dir eine Liste mit 20 Zahlen und schreibe 20 Personen auf, die du kennst und die zu deiner AdressatInnengruppe gehören. Du solltest hierfür etwa 4 Minuten benötigen. Jetzt schreib 2 Sätze über jede Person. Das sollte sehr spontan und schnell gehen; nimm dir etwa 11 Minuten Zeit. Kürze die 20er-Liste, indem du dir 10 dieser Menschen aussuchst und 2 oder 3 Sätze aus ihrer Sicht über deine Gestaltungsidee schreibst. Formuliere dabei in Ich-Form. Such dir nun eine dieser Personen aus, die du lebhaft vor Augen hast (vgl. Barry 2015b, S. 159–162).

Lies dir die Übung „Lass die Geschichte zu dir kommen" auf Seite 48 durch. Mache diese Übung – aber aus der Perspektive der Person, die du dir ausgesucht hast. Das Thema deiner Geschichte sollte zu deiner Gestaltungsidee passen. Wiederhole diese Schritte mit einer zweiten oder dritten Person von deiner 10er-Liste. So kannst du eine Menge Ideen bezüglich des Zusammenhangs zwischen deinen AdressatInnen und deiner Gestaltungsidee generieren. Du kannst diese Geschichten auf verschiedene Arten weiter expandieren (vgl. Barry 2015a, S. 187):

- Indem du den Kontext detaillierter beschreibst: Den Ort, die Gegend, die Gemeinschaft oder Gesellschaft, in der deine Geschichte stattfindet.
- Indem du die Charaktere in ihrem täglichen Leben begleitest. Wie ist ihr Alltag, ihr Leben? Du kannst Dinge erklären und be-

schreiben, die ihnen wichtig sind, oder sie etwas tun lassen, das ihnen wichtig ist.

- Indem du Anekdoten aus ihrer Kindheit mittels einer Rückblende erzählst.
- Indem du Konflikte deiner AdressatInnen beschreibst. Sie können beispielsweise Personen oder Gegenständen begegnen, die sie ängstigen (aber niemanden sonst).
- Indem du deine AdressatInnen mit anderen Menschen in Dialog treten lässt. Über das, was ihnen wichtig ist, wovon sie andere überzeugen möchten.
- Indem du beschreibst, was einige Tage später passiert oder was vor deiner Geschichte geschehen ist.

Die Geschichte des Dings

Du kannst die Übung „Dinge" auf Seite 28 aus der Sicht des beschriebenen Dings schreiben und damit einen Perspektivwechsel vollziehen. Welche Geschichten erlebt dieser Gegenstand? Was gefällt ihm? Was nicht? Was ist sein größter Traum, seine größte Angst?

Twitteratur[9]

Diese Übung ist eine spielerische Methode, um einen Perspektivwechsel zu vollziehen und für eine bestimmte Lesergruppe zu schreiben. Da du Twitter als Medium verwendest, sollten deine AdressatInnen zu den typischen NutzerInnen von Twitter gehören. Um diese beschreiben zu können, solltest du dich zunächst ein wenig auf Twitter herumtreiben. Leg dir einen Account an und fange an, dir interessant erscheinenden Twitternden zu folgen. Lies regelmäßig, worüber sie wie schreiben. Durchstöbere die Follower- und Folge-Ich-Listen von AutorInnen, die dir gefallen, um auf weitere gute Twitternde aufmerksam zu werden. Erstelle ein Profil *deiner* Twittergemeinde. Was charakterisiert sie? Was interessiert sie? Welcher Schreibstil wird verwendet? Welche Rolle spielt Humor?

Wenn du eine Vorstellung deiner AdressatInnen hast, kannst du mit der eigentlichen Übung beginnen: Erzähle deine Lieblings-

---

9 Diese Übung basiert auf einer Idee zweier Studenten, die einige Romane der Weltliteratur zunächst getwittert und dann im Buch „Twitterature" (Aciman & Rensin, 2009) veröffentlicht haben.

geschichte eines Buchs, Comics oder Films in Form von maximal 20 Tweets. Du solltest deine Tweets vorab planen und dir überlegen, was deine Geschichte universell interessant und relevant macht. Gehe das Buch, den Comic oder den Film, den du tweeten möchtest, durch: Was sind die markanten Szenen und Geschehnisse? Was sind die Highlights? Was möchtest du auf jeden Fall verwenden, um deine Twittergeschichte zu erzählen? Notiere dir bis zu 20 solcher Tweetideen. Nun baue daraus Tweets mit maximal 140 Zeichen. Du kannst auch Fotos machen und diese twittern.

Wichtig ist, dass du die Erzählperspektive wechselst und aus Sicht der Hauptperson deiner Geschichte tweetest. Schreibe so, als ob der/die Twitter-AutorIn die Geschichte erlebt, während er oder sie darüber twittert. Entwickle die eigentliche Hauptperson so weiter, dass sie in deine Twittergemeinde passt. Nutze den twitterüblichen Schreibstil mit Abkürzungen, direkter Ansprache von FollowerInnen, Verwendung des # und Selbstkommentare bzw. Selbstreflexion. Lass deine Tweets ein paar Tage liegen. Anschließend solltest du sie noch einmal überarbeiten, damit sie die von dir gewählte Geschichte erzählen, eine zusammenhängende Sprache sprechen und wirklich unterhaltsam sind (vgl. Porombka 2012, S. 60f.). Und dann wünsche ich dir viel Spaß beim Twittern.

2.3 Schreiben über das Schreiben: reflexives Schreiben

Es ist für dich und die Entwicklung deiner Schreibkompetenzen wichtig, dass du dir ab und zu ein paar Minuten gönnst, um über das Schreiben zu schreiben. Und damit darüber nachzudenken, wie du so vorgehst beim Schreiben: Was schon ganz gut läuft, womit du Probleme hast, was dir Spaß macht, was du doof oder langweilig findest usw.

Diese Art der Reflexion nennt sich Metakognition. Metakognition ist der Superheld des Denkens und Lernens, sie macht uns besser. Dass Metakognition einen positiven Effekt hat wurde 2011 in einer Studie zu Prüfungsangst bewiesen. Studierende haben kurz vor einer wichtigen Klausur über ihre Prüfungsängste geschrieben und konnten dadurch ihre Noten signifikant verbessern (Ramirez & Beilock 2011). Durch reflexives Schreiben setzt du dich metakognitiv mit deinem Schreiben auseinander. Hier sind ein paar Übungen, die du dafür nutzen kannst:

Free Writing

Stell dir zunächst einen Wecker, der dich daran erinnert, wann deine Schreibzeit um ist. Bei mir funktionieren 5 bis 10 Minuten. Wenn du einmal mit dieser Übung angefangen hast, solltest du den Stift nicht mehr absetzen (etwa um das zu lesen, was du gerade geschrieben hast). Schreib immer weiter, bis der Wecker klingelt. Achte beim Schreiben nicht auf Grammatik, Rechtschreibung oder Zeichensetzung. Schreib schnell aber nicht angestrengt hastig (vgl. Elbow 1998, S. 4).

Bevor du loslegst zu schreiben, denk kurz über dein Schreiben nach. Du kannst dir auch eine Frage stellen, die dich aktuell beschäftigt, beispielsweise: Warum schaffe ich nicht, das zu schreiben, was ich eigentlich sagen will? Anschließend versuchst du genau das aufzuschreiben, was dir durch den Kopf geht. Wenn dir eine Zeit lang nur Mist einfällt, schreibst du genau das auf: „Mir fällt nichts mehr ein, ständig lasse ich mich ablenken ..." Irgendwann wirst du wieder auf dein Thema zurückkommen. Du fängst durch diese Übung deine Assoziationen und Gedanken mit dem Stift ein. Dabei synchronisiert sich dein Denken mit dem Schreiben.

Wenn du zu einem bestimmten Thema (in diesem Fall deinem eigenen Schreiben) oder einer Frage schreibst, unterstützt Free Writing dein Reflektieren und Brainstormen. Das hilft bei der Ideenfindung. Du kannst die Übung aber auch ohne ein gesetztes Thema machen. Dann kann sie dir beim Anfangen helfen, wenn dich das leere Blatt anstarrt. Manche Schreibratgeber empfehlen, dass man ein morgendliches Ritual aus dieser Art des Schreibens macht (vgl. Wolfsberger 2010, S. 74f.). Dafür ist es egal worüber du schreibst, es geht nur darum, dass du es regelmäßig tust. Der Text, der bei diesem Morgenritual entsteht, ist dann meist sekundär und enthält nur wenige nützliche Fragmente. Aber du kommst damit ins Schreiben und fängst nicht erst an, Mails zu lesen, bei Facebook zu surfen oder ähnliches.

Anonyme Texte e.V.[10]

Schreibe diese Übung aus der Sicht deines Textes, an dem du aktuell schreibst (oder schreiben solltest). Dein Text darf sich mal so richtig über dich als AutorIn aufregen. Das Ganze passiert im Rahmen eines Treffens der Anonymen Texte e.V. – ähnlich den Anonymen Alkoholikern. Der Anfang dieses Textes lautet:

> „Ich bin der Text von ..., und ich mache mir so meine Gedanken. Ich kann und möchte nicht von einer anderen Person geschrieben werden. Aber ich habe es nicht immer leicht mit meinem/r AutorIn. Deshalb bin ich froh, dass ich mit meinen Sorgen hierher kommen kann. Wo sonst dürfen sich unfertige Texte schon zu Wort melden? Als gäbe es aus unserer Perspektive nichts zu berichten ..."

Diesen Anfang führst du weiter, indem du mal so richtig über dich selber als AutorIn abläster st. Schreibe ähnlich wie beim Free Writing möglichst ohne lange nachzudenken und nicht länger als 5 bis 10 Minuten. Wenn du diese Übung öfter machst, wirst du Muster erkennen, die dein Schreiben negativ beeinflussen. Dies sind Aspekte an denen du arbeiten kannst.

Interview mit mir selber

Diese Übung von Seite 30 kannst du auch auf dein Schreiben oder deine gestalterische Praxis beziehen. Sie wird dann zu einer metakognitiven Reflexion. Hierfür suchst du dir eine dir bekannte oder eine fiktive Person aus. Es kann deine beste Freundin sein oder eine Symbolfigur, die für bestimmte Charaktereigenschaften steht (beispielsweise Ronja Räubertochter für Mut und Freiheit), welche dir gerade wichtig sind beim Schreiben oder Gestalten (vgl. Wolfsberger 2010, S. 180).

Lass dich nun von dieser Person oder Figur zu deiner Schreiboder Designpraxis befragen. Welche Gefühle treiben dich beim Gestalten oder Schreiben im Moment um? Gibt es typische Verhaltensweisen, in die du immer wieder verfällst? Nutze diese Hauptthemen, um mit deinem/r fiktiven PapiergesprächspartnerIn in Kontakt zu kommen. Was hat sie oder er dir zu sagen?

---

10 Diese Übung habe ich bei einer Fortbildung im Schreiblabor der Universität Bielefeld von Stefanie Haake und Swantje Lahm kennengelernt.

Lesen und Notieren

Für das Schreiben hilft es, wenn du die Texte anderer AutorInnen liest. Je nachdem welche Textarten oder Schreibstile du weiterentwickeln möchtest, kannst du dir entsprechende Modelltexte suchen. Nachdem du einen guten oder auch schlechten Text gelesen hast, stell dir folgende Fragen und beantworte sie in dein Notizbuch: Was gefällt dir an diesem Text, was nicht? Welche Sprache oder welcher Schreibstil wird verwendet? Welche Länge hat der Text? Welche Dichte? Wie konzentriert musst du lesen, um zu verstehen was gemeint ist? Wie schaffen es AutorInnen, dass dich der Text interessiert? Gehörst Du zur AdressatInnengruppe dieses Textes? Woran kannst du das erkennen? Lies andere Texte bewusst, um von ihnen für dein eigenes Schreiben zu lernen.

Schreib-SWOT-Analyse

Dies ist eigentlich eine Methode aus dem Strategischen Management, die bei der Unternehmensentwicklung angewendet wird (vgl. beispielsweise Bea & Haas 2016, S. 135). Aber sie eignet sich auch sehr gut, um dein Schreiben weiterzuentwickeln. Am besten zeichnest du dir die Tabelle aus Abbildung 2 in dein Notizbuch. Nimm dafür eine Doppelseite.

Die rechten beiden Spalten dienen deiner Selbstanalyse und damit der Reflexion deines Schreibens. In das Feld Stärken trägst du alles ein, was beim Schreiben gut funktioniert. Beispielsweise: Ich kann sehr schnell schreiben. Mir macht es Spaß, zu einem neuen Thema zu recherchieren usw. In das Feld Schwächen notiere dir alles, was dir schwerfällt beim Schreiben, was du noch nicht so gut kannst. Etwa: Ich schiebe das Schreiben oft bis zum letzten Drücker auf. Ich schaffe es manchmal nicht, auf den Punkt zu schreiben, was ich eigentlich sagen will.

Die linke Spalte dient der externen Analyse. Hier solltest du nur Aspekte benennen, die mit Rahmenbedingungen zu tun haben. In das Feld Chancen schreibst du alle Möglichkeiten auf, die durch gutes Schreiben oder Schreiben im Allgemeinen entstehen. Zum Beispiel: Es kann mir helfen, einen Job zu finden, wenn meine Bewerbung gut geschrieben ist. Im Feld Risiken beschreibe externe Unwägbarkeiten beim Schreiben bzw. dem, was damit zusammenhängt. Beispielsweise: Meine BetreuerInnen geben mir keine Informationen dazu, was sie eigentlich von der Dokumentation meiner Bachelorarbeit erwarten. Daraus entsteht das Risiko, dass ich ihren Erwartungen nicht gerecht werde.

Interne Analyse		
	Stärken	Schwächen
Chancen	Wie kannst du deine Stärken nutzen, damit du die benannten Chancen realisierst?	Wo können deine Schwächen zu Chancen werden? Wie kannst du Schwächen in Stärken umdefinieren?
Risiken	Welchen dieser Risiken kannst du mit deinen Stärken begegnen? Wie kannst du das Eintreten von Risiken verhindern?	Wo verstärken sich deine Schwächen und Risiken gegenseitig? Wie kannst du dich vor Schaden schützen?

(Linke Achse: **Externe Analyse**)

Abbildung 2: Tabelle für eine Schreib-SWOT-Analyse

Um die inneren Felder auszufüllen, die aus der Kombination zwischen Stärken und Chancen, Stärken und Risiken, Schwächen und Chancen sowie Schwächen und Risiken entstehen, nutze und beantworte die Fragen, die ich in diese Zellen eingetragen habe.

Diese Übung kannst du nicht nur zum Schreiben machen, sondern auch zu einem Gestaltungsprojekt, an dem du gerade arbeitest.

2.4 Deinen Schreibstil weiterentwickeln

So wie du einen eigenen Zeichenstil hast (oder ihn noch entwickelst), hast du auch einen eigenen Schreibstil. Das Schreiben zu üben fördert dein Sprachbewusstsein und hilft dir dabei, bewusster so zu schreiben und verstanden zu werden, wie du es möchtest. Dieses Unterkapitel wird dich dabei unterstützen, deine verschiedenen Schreibstimmen zu finden und sie weiterzuentwickeln.

2.4.1 Tonalitäten beim Schreiben

Texte haben eine eigene Stimmlage. Du musst diese unterschiedlichen Tonalitäten erkennen, um sie bewusst einsetzen können. Frag dich bei deinen Texten: Wie klinge ich? Um das herauszufinden hilft es, den Text laut vorzulesen (oder vorlesen zu lassen). Es gibt folgende Tonalitäten beim Schreiben (vgl. Silvia 2015, S. 32ff.):

- **Persönlich vs. unpersönlich:** Deine Texte können entweder deine Person widerspiegeln und so geschrieben sein, dass sofort klar ist, dass es ein *menschlicher* Text ist. Das Gegenteil ist ein sehr sachlicher Text, in dem es um pure Informationswiedergabe geht (beispielsweise Bedienungsanleitungen und Gesetzestexte).
- **Formell vs. informell:** Manche Texte wirken sehr seriös und professionell, manche sind eher umgangssprachlich formuliert. Beispiele für formelle Texte sind Bewerbungsanschreiben oder wissenschaftliche Texte (die meist gleichzeitig unpersönlich sind). Informelle Texte schreibst du viel im Privatleben (SMS, E-Mails an FreundInnen, Facebook-Kommentare etc.). Dabei achtest du nicht besonders auf deinen Ausdruck, sondern schreibst so, wie du sprichst.
- **Kollegial vs. angreifend:** In einigen Texten identifizierst du dich mit deinen LeserInnen. Ihr gehört zu einer Gruppe, seid KollegInnen. Darin spiegelt sich oft ein gewisser Respekt vor den LeserInnen wider und der Wunsch, sie zu erreichen. Du möchtest ihnen etwas erzählen oder beibringen. Aus anderen Texten wird sofort deutlich, dass die AutorInnen die LeserInnen nicht mögen, sie sogar ablehnen und einen fast feindlichen Unterton

anschlagen. Es geht darum, zu überzeugen oder etwas richtig zu stellen. Denk an einen unfreundlichen Leserbrief oder manche Kommentare auf Social-Media-Plattformen.

- **Selbstbewusst vs. defensiv:** Wenn du dir deiner Sache sicher bist, schreibst du selbstbewusst und sehr direkt über das, was du sagen möchtest. Wenn du unsicher bist und vielleicht sogar Angst vor Kritik hast, schreibst du eher defensiv und vorsichtig. Du möchtest möglichst wenig Angriffsfläche bieten.

Diese Unterschiede sind dir bestimmt aus deiner Gestaltung bekannt. Nutze dieses Wissen in Zukunft, um zu überprüfen, ob deine Texte so klingen, wie du es beabsichtigst.

2.4.2 Sprachstil

Ich bin nicht die Sprachpolizei. Wenn ich selber in anderen Schreibratgebern lese und deren AutorInnen mir dort sagen, was ich sprachlich darf oder nicht darf, bauen sich in mir sofort Widerstände auf. Deshalb möchte ich dir in diesem Kapitel keine Regeln zum Sprachstil vorgeben. Man kann auch gar nicht kategorisch sagen, was wie geschrieben werden darf – oder soll. Für jede Regel gibt es Ausnahmen. Was wir unter gutem Sprachstil verstehen ändert sich mit der Zeit. Beispielsweise wird es in manchen Fächern mittlerweile akzeptiert in wissenschaftlichen Texten das Wort *ich* zu benutzen. Bis vor einigen Jahren war das ein absolutes No-Go.

Mein Tipp für alle, die an ihrem Sprachstil arbeiten möchten, ist das Buch „Deutsch für junge Profis" (Schneider 2011). Besonders für DesignerInnen finde ich es hilfreich, da Schneider viel Wert darauf legt, unter welchen Umständen ein Text gelesen wird. Wann er es also schafft, die Aufmerksamkeit seiner AdressatInnen zu wecken (und aufrechtzuerhalten). Vier wichtige Tipps, mit denen du es schaffst, deine LeserInnen zu packen, indem du starke Bilder in ihren Köpfen entstehen lässt, habe ich hier zusammengefasst:

- **Der fesselnde Einstieg:** Wenn dein erster Satz oder die ersten zwei bis drei Sätze gut sind, dann ist die Chance groß, dass deine LeserInnen auch den weiteren Text lesen. Denk an einen *elevator pitch*, bei dem du nur wenige Sekunden Zeit hast, deine Idee zu pitchen. 2008 hat die Agentur Jung von Matt dazu aufgerufen

sich mit 160 Zeichen um eine Stelle zu bewerben. Genauso poin-
tiert und auf die Zwölf muss der Einstieg in deinen Text sein. Es
ist nicht unwahrscheinlich, dass du an einem solchen Textanfang
länger feilen musst, als am ganzen Rest. Aber es lohnt sich!

Was du bei deinen Textanfängen vermeiden solltest sind
Plattitüden, Allgemeinplätze und Binsenweisheiten (ebd. S. 13–
21). Drei Beispiele, die du nicht nutzen solltest, sind: 1. Aktuell gibt es ein großes Interesse an … (oder ähnliche Varianten).
2. Bisher wurde dem Thema … nur wenig Aufmerksamkeit gewidmet. 3. Eine Definition deines Themas (Silvia 2015, S. 101f.).
Ich habe Variationen solcher Formulierungen selber verwendet,
meist dann, wenn ich einen Text schreiben musste, auf den ich
keine Lust hatte.

Stattdessen funktioniert alles, was deine LeserInnen er-
staunt oder neugierig macht: 1. Stell eine Frage (oder zwei).
Diese sollte jedoch wirklich interessant sein und keine abgenudelte rhetorische Frage. 2. Generelle Behauptung: Dabei ist die
Trennlinie allerdings sehr fein zwischen einer sinnvollen generellen Behauptung und einer Plattitüde. 3. Verblüffende Enthül-
lung: Dies kann ein Fakt bezüglich deines Themas sein, den die
meisten Menschen nicht kennen und der sie überrascht (ebd.
S. 103f.). Gute Beispiele findest du in Wolf Schneiders und Paul
Silvias Büchern, die ich dir beide sehr ans Herz lege. Sie sind inhaltlich top und dabei noch unterhaltsam geschrieben.

- **Konkret schreiben:** Menschen mögen keine abstrakten Ober-
begriffe, sondern lieber konkrete Beispiele. Diese rufen im Kopf
Erinnerungen, Sinneseindrücke und Assoziationen hervor. Be-
nenne immer die kleinste Einheit dessen, was du meinst. Schreib
Aubergine, wenn dieses Gemüse dein Thema ist, Maisenknödel,
wenn es dir um Vogelfutter geht und Graupelschauer statt dem
allgemeinen Begriff Niederschlag.

  Du kannst in deinen Texten auch das Prinzip Pars pro Toto
verwenden; konkrete Beispiele (Pars) stehen dabei für eine Ka-
tegorie oder übergeordnete Idee (Toto), die du vermitteln möchtest. Greif dir ein oder zwei kleine Details heraus, die anschaulich
machen, worum es dir geht (Schneider 2011, S. 22–29). Ich ver-
kneife es mir wieder, Beispiele aus Wolf Schneiders Buch zu nen-
nen, besser kaufst du es dir und liest dort selber nach.

- **Königsverben nutzen, Nominalstil und Adjektive meiden:**
Verben treiben einen Text voran; sie beschreiben Handlungen.
Du solltest versuchen, möglichst bildhafte Verben zu finden für
das, was passiert und getan wird. Interessante Verben sind etwa
popeln, werfen, ducken, krakeelen, schippen, abklopfen, erwa-
chen, tropfen, usw. Dies sind Wörter, die sofort ein Bild hervorrufen.

  Mit Verben kannst du auch den berühmt-berüchtigten Nominalstil aufbrechen. Dieser wird oft in wissenschaftlichen Texten verwendet, weil sich damit Informationen verdichten lassen
und man somit Platz spart – und vermeintlich auch noch klug
dabei klingt. Mach eine Internetsuche zum Begriff Nominalstil
und du findest sofort anschauliche Beispiele, wie du es nicht machen solltest. Wenn du statt eines Substantivs ein Verb nutzen
kannst, tu es (ebd. S. 58–62).

  Eine weitere Gruppe an Wörtern, bei denen du knausern
solltest, sind die Adjektive. Verwende sie nur, wenn du etwas un-
terscheiden, einordnen oder bewerten möchtest (ebd. S. 67–71).
- **Abgenudelte Sentenzen und Synonymkrämpfe:** Diese beiden
Tipps liegen mir sehr am Herzen. Fast immer, wenn ich Produktbeschreibungen oder Dokumentationen lese, passiert das: [• •].
Ich rolle mit den Augen. Das liegt daran, dass in vielen Texten
Synonyme verwendet werden, weil die AutorInnen nicht ständig
das gleiche Wort benutzen möchten. Für die Hauptsache deines
Textes solltest du jedoch niemals nach einem krampfigen Syno-
nym suchen (ebd. S. 73–77).

  Sehr häufig werden in Produktbeschreibungen Redewendungen oder Floskeln benutzt, die jeder von uns schon tau-
sendfach gelesen hat. Dadurch haben sie ihre Ausdrucksstärke
verloren. Ich habe da beispielsweise Stühle, Bänke oder Sessel
im Kopf, die durch ihre „ergonomische Gestaltung zum Ver-
weilen einladen". Solche Formulierungen solltest du unbedingt
meiden wie die Pest.[11] Was du damit jedoch gut machen kannst:
Sie ein wenig verändern. Statt das Handtuch zu werfen, könnte es ja mal jemand ordentlich falten und unbenutzt zurück in
den Schrank legen. Spiel ein bisschen mit Redewendungen und

---

11 Genau solche Redewendungen meine ich …

Sprachbildern oder denk dir neue aus. Das dauert zwar länger, als auf Bekanntes zurückzugreifen, belohnt dich aber mit interessierten und überraschten LeserInnen (ebd. S. 87ff.).

Die folgenden Übungen kannst du nutzen, um einen bildhaften und neugierig machenden Sprachstil zu üben:

Wortfoto

Halte etwas, das dich anspringt, das einen starken Eindruck hinterlässt, in Form eines Handyfotos fest. Anschließend schreibe ein Wortfoto dazu (vgl. Ortheil 2012a, S. 37). Das geht so: Identifiziere das wichtigste Objekt oder Detail im Bild. Mit einem bestimmten Artikel ist dies deine Überschrift (z.B. der Kraftakt, der Klischee-Urlauber). Fasse die Szene auf deinem Handyfoto dann in einem Satz zusammen, jedoch ohne ein Verb zu verwenden (z.B. der Kraftakt: drei Kinder mit angestrengten Mienen, einen fliegenden Baumstamm stemmend oder der Klischee-Urlauber: der Klischee-Urlauber in seinen viel zu kurzen Shorts mit Tennissocken und Sandalen auf einer vorbeiratternden Vespa). Es geht darum über diesen einen Satz ein möglichst lebhaftes Bild der Szene zu vermitteln, so dass deine LeserInnen dein Handyfoto genau vor Augen haben. Drucke dir das Foto aus und klebe es über, unter oder neben dein Wortfoto ins Notizbuch.

10 Bilder des Tages

Nutze das Wortfoto, um jeden Abend eine Liste aus zehn Dingen zu notieren, die du an diesem Tag gesehen und bemerkt hast (vgl. Barry 2015b, S. 188). Mit Bild meine ich dabei etwas, das dir an diesem Tag ins Auge gestochen und in Erinnerung geblieben ist. Mach dir keine Gedanken darüber, wie bedeutungsvoll diese Schnappschüsse sind.

Postkartengeschichte

Postkarten werden seit etwa 150 Jahren verschickt. Sie sind ein perfektes Medium, um das bildhafte Schreiben zu üben, da die Vorderseite bebildert ist und somit als Schreibimpuls dienen kann. Such dir für diese Übung einen Menschen, bei dem du dich gern mal wieder melden möchtest und dessen Humor du kennst. Nun brauchst du noch eine Postkarte. Du kannst eine Werbekarte nehmen, wie man sie in Cafés und Kneipen findet. Gut wäre es, wenn die Postkarte ein Bild- und kein Textmotiv hat. Wenn du eine Karte kaufst, nimm eine mit einem möglichst abgedrehten Bild darauf und so wenig Text wie möglich.

Sieh dir nun das Motiv deiner Postkarte an und picke dir ein oder ein paar Details heraus. Kommentiere diese, beschreibe sie, spinne eine abstruse Geschichte um sie herum. Mach dir zunächst ein paar Notizen zum Motiv mit ersten Ideen, wie es sich in eine bildhafte kleine Geschichte verwandeln ließe. Du kannst auch relevante Informationen unterbringen und ein Verknüpfung zu deinem aktuellen Leben herstellen.

Mach dir Gedanken über deine AdressatInnen. Dein Text sollte widerspiegeln, dass die Karte genau an sie gerichtet ist: Was interessiert diese Personen? Wie bzw. mit welchem Thema kannst du sie unterhalten? Du kannst deine AdressatInnen auch mit dem Motiv beschäftigen, indem du Fragen dazu stellst (vgl. Ortheil 2012b, S. 79–82).

Anschließend schreibe deine kurze Geschichte vor, damit du sicher gehen kannst, dass sie wirklich auf die Postkarte passt. Achte darauf, dass du dich zwar am Motiv orientierst, deinen LeserInnen aber noch genügend Freiräume lässt, auf deine Karte zu reagieren. Sie sollen die Postkarte immer wieder umdrehen und zwischen dem abstrusen Motiv und deinem bildhaften Text hin- und hergerissen sein.

Falls du mehrere Ideen für deine Karte hast, besorg sie dir mehrfach und schicke verschiedene Versionen ab. Du kannst auch unterschiedliche Karten nacheinander verschicken und so eine Fortsetzungsgeschichte schreiben. Hierfür musst du zunächst einige Postkarten sammeln und dir dann eine zusammenhängende Bildergeschichte dazu zurechtlegen.

2.4.3 Geschichten erzählen

Geschichten inspirieren uns. Wir nutzen sie, um eine Idee weiterzugeben. Wenn wir eine Geschichte hören, simulieren wir sie im Kopf. Wir stellen uns räumlich und zeitlich vor, was passiert. Wir sind also nicht nur passive RezipientInnen, sondern werden – zumindest im Kopf – selber aktiv.

Meist enthalten Geschichten einen der folgenden drei Plots: 1. Die Hauptfigur muss eine Herausforderung meistern (David gegen Goliath). 2. Die Hauptfigur baut eine Beziehung über soziale Grenzen hinweg auf (Romeo und Julia). 3. Die Hauptfigur muss eine kreative Lösung finden (McGyver-Fernsehserie, vgl. Heath & Heath 2010, S. 226ff.).

Geschichten können dir dabei helfen, dein autobiografisches Potential zu heben. Was steckt in dir und deiner Vergangenheit? Welche Erinnerungen und Erfahrungen kannst du als Ideengeber nutzen? Mit den folgenden Übungen trainierst du das Geschichtenerzählen.

Lass die Geschichte zu dir kommen

Such dir zunächst einen Gegenstand oder eine Tätigkeit aus; beispielsweise das Wort Kuchen. Schreibe eine Liste von 10 Kuchen, an die du dich erinnerst. Versuche auch frühe Kindheitserinnerungen zu berücksichtigen. Das sollte nicht länger als 3 Minuten dauern. Nun wähle einen dieser Kuchen aus, an den du dich sehr lebhaft erinnerst. Spring auf eine neue Seite und schreibe diesen speziellen Kuchen als Überschrift auf. Versetze dich im Kopf zurück in die Situation, in der dieser Kuchen eine Rolle spielte. Schau dich in deiner Erinnerung um. Dann beantworte folgende Fragen:

Wo: Wo bist du? Bist du drinnen oder draußen? Woher kommt das Licht? Was für ein Licht ist es?

Wieso: Wieso bist du da?

Was: Was machst du? Was siehst du? Was tun andere, die dort sind? Was hörst du?

Wann: Welche Tageszeit ist es? Welche Jahreszeit? Wie alt bist du etwa?

Wer: Wer ist dort mit dir?

Wie: Wie sehen die anderen Menschen aus? In welcher Stimmung sind sie? In welcher Stimmung bist du? Wie riecht es? Wie warm oder kalt ist es?

Jetzt dreh dich im Kopf um:

Was ist rechts neben dir?

Was links?

Was befindet sich vor dir?

Was hinter dir?

Was über dir und was unter dir?

Lynda Barry empfiehlt, dass man sich für diese Antworten insgesamt nur etwa 6 bis 7 Minuten Zeit nimmt (vgl. Barry 2015b, S. 143–148).

Fang nun wieder eine neue Seite an und schreibe die Geschichte dieser Erinnerung auf. Schreib im Präsens und beginne mit den Worten „Ich bin ...". Setz den Stift nicht ab, sondern versuch diese und vielleicht die nächste Seite in einem Rutsch mit der Szene zu füllen, an die du gerade gedacht hast. Lass die Geschichte einfach zu dir kommen und denk nicht nach. Du solltest für diesen Teil der Übung wieder etwa 7 Minuten schreiben und dich nach etwas mehr als der Hälfte durch einen Wecker daran erinnern lassen, dass du unter Zeitdruck stehst. Wenn du mittendrin steckenbleibst, schreibe einfach das Alphabet auf, statt den Stift abzusetzen und nachzudenken. Es ist wichtig, nicht aufzuhören zu schreiben. Bleib im Schreib- und Erinnerungsfluss.

Bereite dir für diese Übung einen Beutel mit Losen vor, aus dem du eines als Schreibimpuls ziehst. Die meisten Substantive (beispielsweise Berg, Baum, Werkzeug, Mutter, Vater oder Geschwister von Freunden, Auto, Sessel, Herd, Pflasterstein) und viele Verben (z.B. schwimmen, hüpfen, turnen, lachen, ärgern) aber auch Farben (bernsteinfarben, nikotingelb, knallrot, grasgrün) und Gerüche (Zuckerwatte, Seiten eines alten Buchs, Zigarettenrauch) oder Bilder (aus Zeitungen, Magazinen, dem Internet) eignen sich besonders gut, da sie starke Erinnerungen und Assoziationen hervorrufen.

Versuche diese Texte ein bisschen liegen zu lassen, ohne sie zu lesen. Wenn du sie sofort nach dem Schreiben liest, hast du nur die Frage im Kopf, ob die Geschichte gut ist. Wartest du ein bisschen, wird das Lesen eine ganz andere und bessere Erfahrung sein. Dadurch wirst du die rohe, direkte aber auch vorläufige Charakteristik erster Textversionen zu schätzen lernen

Webcam

Diese Übung kannst du als Fortführung der Aufgabe „Registrieren"
von S. 26 verstehen. Als sachlicher Rekorder gibst du eine kleine
Alltagsszene wieder. Dabei kommentierst und interpretierst du
nicht, sondern gibst lediglich distanziert wieder, was du an einem
bestimmten Ort zu einer bestimmten Zeit aufnimmst.

Such dir einen geschlossenen Raum, in dem sich andere Menschen befinden und nimm einen festen Standort ein. Beginne dein
Notat mit der Uhrzeit. Anschließend notiere für einige Minuten
wie sich die Anwesenden bewegen, was sie tun, worüber sie reden.
Schließe deinen Text wiederum mit der Uhrzeit. Lies deine Notizen
und überleg dir ein Thema, das du in den Mittelpunkt deiner kurzen Webcam-Aufnahme stellst. Beginne indem du in 2 bis 3 Sätzen
den Raum und die Beteiligten beschreibst, so dass deine LeserInnen
eine erste Vorstellung von der Szene bekommen. Nun arbeite dein
Thema heraus und verwende dabei deine notierten Beobachtungen.
Strukturiere sie in einen Ablauf mit Anfang, Höhepunkt und Schluss
(vgl. Ortheil 2012a, S. 31).

Die Webcam-Geschichte sollte etwa so lang wie eine Seite dieses Buchs sein.

Geschichte eines Fotos

Verwende ein Foto oder ein Bild, um eine Geschichte zu erzählen.
Diese Art des Schreibens gleicht dem, was wir erzählen, wenn wir
uns mit anderen ein Fotoalbum anschauen. Das Motiv wird kurz beschrieben und erklärt, wer oder was zu sehen ist. Ergänze diese rei-
ne Beschreibung mit ein paar Details, die nicht zu sehen sind. Was
ist direkt davor passiert? Was danach? Wer hat das Foto gemacht?
Schreibe in der Ich-Form und im Präsens. Erwecke damit den Moment, der auf dem Bild zu sehen ist, wieder zum Leben (vgl. Ortheil
2014, S. 70).

Du kannst diese Übung beispielsweise dazu verwenden, um die
AdressatInnen eines Gestaltungsprojektes zu beschreiben und sie
auf diese Weise lebendig, greifbar und menschlich machen.

Hypertextgeschichte

Spinne eine verlinkte Geschichte, um die Nichtlinearität des digitalen Schreibens kennenzulernen und einzuüben. Dies kann dir dabei helfen, dich in das Thema *transmedia storytelling* einzuarbeiten.

Ich empfehle dir, vorab eine analoge Planung deiner Hypertextgeschichte zu machen. Das geht gut mit bunten Post-its.

Du brauchst zunächst einen Startpunkt. Nimm eine Situation, die du in den letzten Tagen beobachtet hast und über die du einen Eintrag in dein Notizbuch geschrieben hast. Es sollten mindestens drei Personen beteiligt sein. Zwei, die etwas tun (miteinander sprechen, sich streiten, ein Spiel spielen ...) und eine Person, die die beiden beobachtet. Weise jeder Person eine Post-it-Farbe zu; so behältst du einen Überblick darüber, wie viele Erzählanteile du je Perspektive geschrieben hast.

Überlege dir nun, welche Geschichte du erzählen möchtest. Was ist die von dir beobachtete Ausgangssituation, was soll insgesamt passieren und was passiert den drei Beteiligten getrennt voneinander? Notiere auf jedem Post-it einen kurzen Erzählstrang. Du solltest dir jeweils das Wort markieren, von dem aus die Geschichte in unterschiedliche Richtungen weiterverfolgt werden kann. Diese Vernetzungen kannst du durch Fäden, die du auf die Post-its klebst, darstellen. Die LeserInnen können bei einer Person bleiben und die Geschichte zunächst aus dieser Perspektive lesen oder zum Erzählstrang einer anderen Person wechseln. Überleg dir gut, wann sich der Sprung von einem Erzählstrang zum nächsten lohnt (vgl. Porombka 2012, S. 37). Nutze dein Notizbuch, um über Fragen und Probleme, die dabei entstehen, zu reflektieren.

Du kannst deine Geschichte anschließend am einfachsten in ein Wiki oder einen Blog schreiben, in dem die verschiedenen Erzählstränge miteinander verlinkt sind.

Transmedia storytelling

Transmedia storytelling wird meist für Marketingzwecke genutzt. Es handelt sich um eine Inszenierung, an der die AdressatInnen teilhaben und sie zunächst für real halten. Dabei werden virtuelles und wirkliches Leben miteinander zu einer Geschichte verwoben. Du kannst verschiedene digitale Plattformen und analoge Formate als Erzählwerkstatt nutzen, so dass aus den einzelnen Teilen ein großes Ganzes entsteht: Plakatwände, Briefe, Postkarten, Aufkleber, Tageszeitungen, Flyer, Blogs, Facebookseiten, Homepages, YouTube-Kanäle und Twitter-, Facebook- sowie Snapchat-Profile.

Wenn du diese Form des Geschichtenerzählens ausprobieren möchtest, solltest du dir unbedingt ein paar Verbündete suchen, damit ihr euch die Arbeit aufteilen könnt. Es müssen Personenprofile angelegt werden und Social-Media-Kanäle regelmäßig authentisch aus der Perspektive dieser Personen bespielt werden. Webseiten, Plakate oder Flyer müssen gestaltet und Videos gedreht werden, um möglichst viele Menschen in die Geschichte hineinzuziehen.

Im Zentrum einer *transmedia-storytelling*-Kampagne steht die Geschichte, die erzählt wird. Diese muss die AdressatInnen ansprechen, interessieren und mitreißen. Für die Ideenfindung der Haupt- und Nebenstränge ist es ebenfalls günstig, im Team zu arbeiten. Auf diese Weise kommen mehr Perspektiven und Ideen zusammen.

Konzipiere für eines deiner Gestaltungsprojekte eine *transmedia-storytelling*-Kampagne. Inszeniere dafür eine Geschichte, die das erzählt, was du gestaltest. Stell dir folgende Fragen:

- Wen sprichst du mit deinem Produkt oder deiner Gestaltungsidee an?
- Welches Medienverhalten haben deine AdressatInnen? Was nutzen sie wann wie? Worauf vertrauen sie?
- Welche Medien möchtest du daher nutzen? Wie und mit welchem Zweck jeweils?
- Wie lange soll die Kampagne laufen? Einen Tag? Eine Woche? Einen Monat?
- Wie verläuft die Geschichte, die du erzählen möchtest? Lässt sie sich in einzelne Szenen oder Akte einteilen?
- Welche Personen benötigst du für deine Geschichte? Erstelle eine Beschreibung dieser inszenierten Menschen mit ihrem jeweiligen Medienprofil.
- Wie kannst du die verschiedenen Medien und Erzählstränge miteinander verknüpfen? Experimentiere dabei mit dem Medienwechsel.
- Wie stellst du die Verbindung zwischen deinen AdressatInnen und deiner Kampagne her? Wie werden sie hineingezogen?

- Wie können sich die AdressatInnen an dem Spiel beteiligen?
  Können sie selber zu AutorInnen der Inszenierung werden?
- Was kann aus dem Ruder laufen?

Begreife dein Konzept nicht als starr und fertig, sondern als beweglich und beeinflussbar. Es wird kein abgeschlossenes Werk entstehen, lass allen Beteiligten die Möglichkeit, flexibel zu reagieren. Nutze die Interaktionen, die nach dem Start der Kampagne zwischen den inszenierten Posts und Printprodukten sowie den AdressatInnen entstehen. Antworte darauf und bezieh sie in die zuvor geplante Kampagne ein (vgl. Porombka 2012, S. 136f.).

2.5 Kooperatives Schreiben

Es gibt verschiedene Gründe aus denen man mit mehreren Personen an einem Text schreibt. Der schlechteste ist die Hoffnung, dass jemand anderes die Schreibarbeit erledigt. Schlechte SchreiberInnen versuchen sich oft an gute SchreiberInnen zu klammern, damit ihre Unlust oder ihre Inkompetenz aufgefangen wird. Das kennst du bestimmt aus der Gestaltung im Team. Es gibt immer Studierende, die sich durch ihr Studium durchkooperieren. Solche SchreibpartnerInnen können sehr schnell sehr nervig werden. „Die Hölle sind die anderen", sagte Jean-Paul Sartre. Und manchmal hat er leider Recht: Teammitglieder erledigen ihre Aufgaben nicht oder nur schludrig.

Aber es gibt auch einige sehr gute Gründe aus denen man beim Schreiben kooperiert. Beispielsweise, weil das Projekt, das man bearbeitet, zu groß für eine Person ist. Weil man gemeinsam ein variableres Kompetenzprofil aufweist, so dass sich die Teammitglieder gegenseitig ergänzen. Ein anderer Grund ist, dass man von anderen etwas dazulernen möchte. Ideen werden besser, wenn man sie mit jemandem teilt (vgl. Hunt 2009, S. 123ff.). Dein Schreiben kann ebenfalls davon profitieren, wenn du es mit anderen gemeinsam machst. Du kannst dir alles Mögliche dabei abgucken und adaptieren: den Sprachstil der anderen, die Vorgehensweise beim Schreiben und die Methoden oder Materialien, die andere benutzen. Außerdem macht es einfach mehr Spaß, mit jemandem zusammenzuarbeiten, als allein am Schreibtisch zu sitzen (vgl. Silvia 2015, S. 63ff.).

Hier sind ein paar Hinweise, die dir beim kollaborativen Schreiben helfen:

- Arbeite mit guten Leuten zusammen, von denen du etwas lernen kannst. Das ist eigentlich selbstverständlich, aber ich gebe dir diesen Hinweis trotzdem. Nur, weil du dich mit deinen KommilitonInnen gut verstehst, muss das nicht heißen, dass sie die richtigen für ein gemeinsames (Schreib-)Projekt sind. Guck dir ein paar ihrer Arbeiten an oder sprich mit anderen, die schon mal mit ihnen zusammengearbeitet haben. Was macht sie zu guten KooperationspartnerInnen?
- Erstellt gemeinsam eine Gliederung und stimmt euch darüber ab, was ihr in den einzelnen Textteilen sagen wollt.
- Es funktioniert nicht, zu zweit gleichzeitig an einem Text zu schreiben. Am besten schreibt eine Person die erste Version. Diese können die anderen dann lesen und in der Gruppe besprechen. Die Überarbeitung liegt dann wieder im Verantwortungsbereich der jeweiligen AutorInnen, die den Text geschrieben haben. Es ist ihr Textteil und sie treffen die Entscheidungen. Ihr könnt den Gesamttext untereinander aufteilen, so dass alle einen Anteil der Schreibarbeit leisten.
- Mailt euch eure Texte nicht nur zu, sondern trefft euch und sprecht miteinander. Mit schriftlichem Feedback gibt es schnell Missverständnisse, die sich im Gespräch sofort durch Nachfragen klären lassen.
- Am Ende ist es wichtig, darauf zu achten, dass es einen zusammenhängenden Text gibt. Lest euch den Abschnitt 2.4.1 durch und gleicht euren Ton und Sprachstil an (vgl. Silvia 2015, S. 69).

Die folgenden Übungen nutzen das kollaborative Schreiben und können dir helfen, damit zu experimentieren.

Reflektieren zu zweit

Wenn du mit einer oder zwei anderen Personen an einem Projekt arbeitest, kann es euch voranbringen, regelmäßig gemeinsam über das Projekt zu reflektieren. Sprecht vorab ein paar Regeln ab, die ihr versucht einzuhalten: Wie oft reflektiert ihr einzeln in eure Notizbücher? In welcher Form: Stichpunkte, kurze Sätze, Tagebucheinträge?

Ihr könnt euch auch eine Art Formular erstellen, in dem ritualisiert bestimmte Aspekte der Zusammenarbeit festgehalten werden. Beispielsweise, was seit der letzten reflexiven Notiz für das Projekt bearbeitet wurde, was gut funktioniert, womit es Probleme gibt, was offen oder ungeklärt ist und was die nächsten Schritte sind. Sinnvoll ist es, wenn ihr mindestens wöchentlich eine kurze Reflexion über das Projekt und euren Fortschritt schreibt. Notiert euch auch, was ihr bei den anderen beobachtet. Was bewundert ihr an ihnen? Was können sie besser als ihr selbst? Was schlechter? Was nervt euch in der Zusammenarbeit? Wo seid ihr euch ähnlich, in wie weit arbeitet ihr total unterschiedlich? Wie ergänzt sich eure Arbeit oder individuelle Vorgehensweise?

Tauscht euch über eure Reflexionen aus. Das bedeutet jedoch nicht zwingend, dass ihr eure Texte gegenseitig lest. Reflexive Texte sind oft sehr persönlich. Sie können Themen und Aspekte enthalten, die ihr nicht teilen möchtet. Diese Form der individuellen aber doch gemeinsamen Reflexion kann euch dabei helfen, einen Arbeitsplan zu erstellen, voneinander zu lernen und produktiver zusammenzuarbeiten (vgl. Ortheil 2012b, S. 121f.).

Schreibgespräch

Diese Übung funktioniert am besten mit 4 Personen. Es gibt immer wieder Teammitglieder, die sich nicht laut und offen zu Wort melden, wenn ihr über euer Projekt sprecht. Diese Methode hilft dabei, die Meinung aller zu hören. Dafür braucht ihr ein großes Stück Papier, mindestens A3. Statt euch über einen bestimmten inhaltlichen Aspekt eures Projektes, eures Schreibens oder eures Vorgehens zu unterhalten, formuliert eine Frage dazu. Beispielsweise: Was sollte in der Einleitung unserer Projektdokumentation alles beschrieben werden?

Anschließend teilt ihr auf dem Blatt für jedes Teammitglied einen Bereich ein, in den es eine kurze Antwort auf eure gemeinsame Frage schreibt. Setzt euch so um einen Tisch herum, dass ihr einigermaßen bequem in euren jeweiligen Bereich des A3-Blattes schreiben könnt. Limitiert eure Zeit für das schriftliche Beantworten der Frage auf etwa 5 Minuten. Es müssen nicht alle Gedanken ausformuliert sein, meist reichen bei dieser Übung Stichpunkte. Anschließend dreht ihr das Papier so, dass ihr den Text der Person vor euch habt, die links oder rechts neben euch sitzt. Setzt euch wieder eine Zeit – etwa 3 bis 4 Minuten. Lest den Text eurer jeweiligen NachbarInnen und kommentiert die Ideen. Dann wird wieder in die gleiche Richtung gedreht, so dass der nächste Text vor euch liegt. Lest den ursprünglichen Text sowie die Kommentare dazu und schreibt auf beides eure Antworten. So macht ihr weiter, bis alle Teammitglieder jeden Text gelesen und kommentiert haben. Das kann gegen Ende etwas länger dauern als am Anfang, da mit jeder Runde mehr zu lesen ist.

Sprecht während dieser Übung nicht miteinander, sondern lest und schreibt still. Anschließend lesen alle ihren ursprünglichen Text und die Kommentare der anderen. Jetzt habt ihr eine gute Grundlage, um die ursprüngliche Frage zu klären. Da diese Übung länger dauert als ein Gespräch, solltet ihr sie nur für wichtige oder strittige Aspekte nutzen.

Wordle

Diese Übung nutzt ein frei verfügbares Online-Instrument, das auf der Webseite www.wordle.net/create[12] zu finden ist. Es erstellt aus einem Text eine *word cloud*. Die Wortgröße korreliert dabei mit der Häufigkeit des betreffenden Wortes im Ursprungstext, aus dem die *cloud* erstellt wurde.

Alle, die am (Schreib-)Projekt mitarbeiten, schreiben einen kurzen Absatz über einen Aspekt, den ihr klären oder besprechen möchtet. Was sind wichtige und interessante Punkte?

Diese kurzen Texte fügt ihr zusammen und kopiert sie auf der oben genannten Webseite in das dafür vorgesehene Feld. Daraus generiert das Tool euch dann die *word cloud*. Diese visualisiert das, was euch allen wichtig ist; inklusive relevanter Begriffe und Themen. Meist muss man die Texte etwas manipulieren, damit häufige Wörter wie der, die, das, und, ist etc. nicht die eigentlich wichtigen Begriffe dominieren.

Projiziert eure fertige *word cloud* auf ein Whiteboard: Streicht durch, kreist ein, ergänzt handschriftlich, stellt Verbindungen her und diskutiert, bis ihr ein gemeinsames Ergebnis habt.

---

12 Zuletzt aufgerufen am 11. Mai 2017.

6-3-5

Dies ist eine sehr verbreitete Kreativtechnik. Man braucht dafür 6 Personen, es geht aber auch gut mit 4 oder 5. Jede Person faltet ein Stück Papier in 3 Spalten. Am besten funktioniert es mit A3-Papier. Dann werden so viele Zeilen gefaltet, wie Personen an der Übung mitmachen. In die oberste Zeile notieren alle 3 Ideen zu einem (Schreib-)Problem oder (Schreib-)Projekt. Nach 5 Minuten werden die Blätter an die jeweils rechten oder linken NachbarInnen weitergegeben. Diese entwickeln jede der 3 Ideen in der zweiten Zeile darunter weiter. Nach 5 Minuten werden die Blätter wieder in die gleiche Richtung weiter gegeben und die 3 Ideen in der dritten Zeile weiterentwickelt (vgl. Rohrbach 1969, S. 73–76). Am Ende habt ihr eine Vielzahl von Ansätzen und Gedanken, die ihr besprechen könnt, um zu Lösungen für euer Problem oder Projekt zu kommen.

2.6 Mit Sprache spielen

Das Schreiben zu üben sollte dein Sprachbewusstsein fördern und dir helfen, kreativer und für Sprachspiele sensibler zu werden. Es soll aber auch Spaß machen. In diesem Unterkapitel findest du einige Übungen zum zwecklosen Herumspielen. Viel Spaß damit!

Suchmaschinen-Gedicht

Du kannst dir für diese Übung selber Regeln setzen und ein bisschen herumprobieren, bis etwas Interessantes, Witziges oder Hilfreiches entsteht. Unter dem Stichwort Flarf findest du im Internet den Hintergrund zu dieser Art des Wortspiels.

Überleg dir ein paar Suchbegriffe, die mit einem deiner Gestaltungsprojekte zu tun haben oder dich aus anderen Gründen interessieren. Gib diese Begriffe bei einer Online-Suchmaschine ein; etwa 2 bis 3 Wörter kann man gut gleichzeitig suchen lassen. Nimm nun das dritte, sechste, neunte usw. Suchergebnis und kopiere jeweils den kleinen Text oder Halbsatz, der unter dem Link in der Ergebnisliste erscheint, in ein neues Textdokument. Wenn du denkst, dass du genug Versatzstücke hast, kombiniere diese zu einem Gedicht. Kürze, ergänze Kleinigkeiten und passe die Wörter grammatikalisch an. Fertig ist dein erstes Stück Flarf-Lyrik (vgl. Porombka 2012, S. 27).

Statt jedes dritte, sechste, neunte etc. Ergebnis zu verwenden, kannst du dir eigene Regeln ausdenken, nach denen du per Zufallsprinzip zu deinem Sprachmaterial kommst.

Diese Übung kannst du auch für das wissenschaftliche Schreiben nutzen, um beispielsweise zu recherchieren oder dein Thema zu explorieren (s. Kapitel 4.2). Verwende dann für die Online-Suche Begriffe, die mit deinem Projektthema zu tun haben. So findest du eine Reihe an Homepages, die dir bei der Recherche nützlich sein können. Darüber hinaus kommst du durch die zufälligen Wortkombinationen vielleicht auf neue Ideen, wenn du bei einem Projekt feststeckst.

SMS-Zufallsgedicht

Ein ähnliches Gedicht kannst du aus den Texten von 10 SMS (der gleichen Person) schreiben. Nutze das Sprachmaterial, das du in den SMS findest, und kombiniere es zu einem maximal 160 Zeichen langen Gedicht. Schicke dieses an die Person zurück, die dir die ursprünglichen 10 SMS geschickt hatte (Porombka 2012, S. 44). Sei gespannt auf die Reaktion.

Stille-Post-Gedicht

Mit dieser Übung kannst du gemeinsam mit ein paar Freunden, die Lust auf Sprachspiele haben, innerhalb kürzester Zeit einen Gedichtzyklus schreiben. Verwendet hierfür folgendes Kurzgedicht von Bertolt Brecht und kombiniert es mit dem Kinderspiel Stille Post:

Schwächen

Du hattest keine
Ich hatte eine:
Ich liebte[13]

---

13 Dieses Gedicht ist im Gedichtband SMS-Lyrik abgedruckt (Leitner 2002, S. 47).

Nummeriert für die Anzahl an Personen, die am Spiel teilnehmen, Zettel durch. Die Person mit der Nummer eins fängt an und tauscht im Brechtschen Gedicht jeweils einige Wörter aus, so dass sich ein neuer Sinn ergibt. Diese neue Vorlage wird nun an die Person mit dem zweiten Zettel gegeben usw. (vgl. Porombka 2012, S. 41). Das kann man gut nebenbei machen, während sich alle weiter unterhalten. Eine Person schreibt dann jeweils ein neues Gedicht mit kleinen Änderungen. Wenn ihr einmal durch seid, lest die Gedichte der Reihenfolge nach laut vor. Dabei entstehen oft interessante und witzige Wortspiele.

Schreiblos ziehen

Für alle Übungen des zweiten Kapitels findest du im Internet eine Losvorlage zum Herunterladen (unter: https://doi.org/ 10.3224/84744845B). Druck dir das PDF aus, schneide die einzelnen Übungslose aus und steck sie in einen Beutel oder eine Schachtel. Wenn du schreiben möchtest, zieh dir eine Übung und mache sie.

Kapitel 3: Grundlagen des wissenschaftlichen Schreibens im Design

Schreiben an der Hochschule und damit wissenschaftliches Schreiben bereitet Designstudierenden oft Probleme. Die Schreibidentität, die wir uns in der Schulzeit über Jahre des Übens aufgebaut haben, wird durch die neuen Anforderungen im Studium in Frage gestellt. Man muss eine neue Art zu schreiben lernen. Wenn das nicht gut begleitet wird, kann eine Kombination aus Angst und Unlust entstehen, so dass Studierende das Schreiben möglichst vermeiden. Vielleicht hast du auch schon eine schlechte Erfahrung mit dem Schreiben an der Hochschule gemacht. Es kann gut sein, dass dadurch deine Schreibstimme und dein Selbstbewusstsein angekratzt wurden.

Viele Studierende haben außerdem eine falsche Vorstellung vom wissenschaftlichen Schreiben: Sie verstehen es als einsame Tätigkeit allein am Schreibtisch, die linear zu einem fertigen Text führt. Wenn man feststellt, dass es bei einem selber nicht so gut funktioniert mit dem Schreiben im Studium, wird schnell behauptet: Ich kann halt nicht schreiben. Dahinter steckt oft die Überzeugung, dass Schreiben ein Talent ist und kein Handwerk, das gelernt werden kann und geübt werden muss.

Bei dir als DesignerIn ist das Problem mit dem wissenschaftlichen Schreiben größer, als bei anderen Studierenden, da dein Studium sehr auf das Gestalten fokussiert ist. Diese Kluft zwischen Theorie und Praxis kennst du bestimmt. An vielen Fachbereichen streiten sich „TheoretikerInnen" und „PraktikerInnen" darüber, ob und wie viel Theorie und Schreiben in einem Design-Studiengang notwendig sind. Insgesamt wirst du im Studium deutlich weniger schreiben, als Studierende anderer Fächer, die pro Semester mehrere Hausarbeiten oder ähnliche Texte schreiben müssen. Dir fehlen also die Gelegenheiten, das wissenschaftliche Schreiben zu üben und es durch konstruktives Textfeedback und positive Erfahrungen weiterzuentwickeln.

Meist fühlt sich leider niemand dafür verantwortlich, Studierenden das Schreiben beizubringen. Wie bereits erwähnt, wird es von den meisten Menschen und damit auch vielen ProfessorInnen als Talent betrachtet. Entweder man kann es – oder nicht. Lehrende an der Hochschule erwarten, dass du das, was es dabei zu lernen gibt, bereits in der Schule gelernt hast.

Hinzu kommt, dass Design ein ziemlich junges Fachgebiet ist. Es gibt noch keine etablierte eigene wissenschaftliche Praxis, noch keinen eigenen Sprachstil oder tradierte Forschungsmethoden. Diese werden meist aus verwandten Fächern wie Kunst, Kunst- und Kulturgeschichte, Soziologie oder auch den Ingenieurwissenschaften entlehnt. ProfessorInnen der Theoriefächer stammen manchmal aus diesen verwandten Disziplinen und erwarten von dir, was in ihrem eigenen Fachstudium als Schreibstandard gelehrt wurde. Somit unterscheiden sich die Anforderungen verschiedener ProfessorInnen oft gravierend voneinander – je nachdem, welchen fachlichen Hintergrund sie haben.

Emotionale Probleme mit dem Schreiben wie Hilflosigkeit, Stress und Panik, aber auch das Aufschieben und Vermeiden werden meist durch eine Kombination von Umständen verursacht: neue, höhere und oft intransparente Erwartungen, wenig wissenschaftliche Schreibpraxis, manchmal sogar negative Erfahrungen mit dem wissenschaftlichen Schreiben und die Auffassung, dass Schreiben ein Talent ist, dass man es also gar nicht lernen kann. Wenn es an deiner Hochschule Kurse zum wissenschaftlichen Schreiben gibt, wird diese emotionale Seite des Schreibens leider nur selten adressiert.

In diesem Kapitel werde ich Aspekte behandeln, die dir das wissenschaftliche Schreiben (wieder) näher bringen werden. Das wird dir helfen die Fragen „Wie geht's?" und „Was muss ich tun, um das zu lernen?" zu beantworten. Und am Ende ist dir hoffentlich klar, dass zwischen dir und einem sehr guten wissenschaftlichen Text nur Zeit für Übung, Textfeedback und Überarbeitung stehen.

Beim wissenschaftlichen Schreiben muss generell eine objektivere Perspektive eingenommen werden, als beim Schreiben in der Schule oder im Privatleben. Objektiv zu schreiben bedeutet, dass sich

AutorInnen mit ihren persönlichen Meinungen und Einstellungen möglichst aus ihren Texten heraushalten. Die Inhalte sollten einer objektiven Beurteilung standhalten: Behauptungen müssen beispielsweise durch Literaturquellen belegt werden, Entscheidungen werden durch sachliche Argumente gestützt.

Wissenschaftliche Texte müssen anderen Kriterien gerecht werden als private oder berufsbezogene Texte. Du kannst dich an den folgenden Kriterien orientieren:

- **Objektivität:** Dieser Begriff meint, dass du unvoreingenommen bist. Deine persönlichen Einstellungen solltest du zurückstellen und beispielsweise offen und ohne vorgefasste Meinung recherchieren, was du zu einem Thema findest und wie es in der Vergangenheit bearbeitet wurde.
- **Ehrlichkeit:** Das erklärt sich fast von selbst. Du darfst beim wissenschaftlichen Schreiben nicht lügen, nichts weglassen und nichts dazu erfinden.
- **Überprüfbarkeit:** Gib alle Quellen und Materialien an, die du verwendet hast, damit die Basis deiner Arbeit überprüft werden kann.
- **Validität:** Dieses Kriterium beschreibt die Angemessenheit deiner Methode(n) und Vorgehensweise. Hast du wirklich das gemacht oder untersucht, was du dir als Ziel gesetzt hast? Wenn du beispielsweise eine AdressatInnenbefragung machst, war die von dir befragte Stichprobe an Menschen groß genug, um allgemeine Aussagen daraus abzuleiten?
- **Verständlichkeit:** Damit ist hauptsächlich die sprachliche Verständlichkeit gemeint. Ist deine Gliederung sinnvoll? Ist dein Textlayout übersichtlich? Hast du alle notwendigen Begriffe und Themen ausreichend erklärt? Unterstützen deine Abbildungen den Text?
- **Relevanz:** Auch diesen Begriff kennst du bereits. Frag dich, ob du ein Thema gewählt hast, das es wert ist, bearbeitet zu werden. Löst du ein Problem? Beantwortest du eine noch offene Frage?
- **Logische Argumentation:** Vermeide Widersprüche, begründe alle Aussagen und ziehe daraus die richtigen Schlussfolgerungen.

- **Originalität:** Bist du selber UrheberIn deiner Arbeit oder hast du bei einer anderen Person abgeguckt? Hast du eine neue Lösung gestaltet? Was daran ist anders als bisher?
- **Nachvollziehbarkeit:** Dies ist ein Sammelkriterium, das auf einige der vorherigen zurückgreift (z.B. logische Argumentation, Überprüfbarkeit und Ehrlichkeit). Kann jemand anderes nachvollziehen, was du wie warum gemacht hast?
- **Fairness:** Auch dies ist ein Begriff, den du aus anderen Zusammenhängen kennst. Beim wissenschaftlichen Arbeiten bezieht er sich oft darauf, dass du respektvoll mit der Vorarbeit anderer umgehst und auf fremde Quellen verweist. Gibst du die Texte von anderen korrekt wieder oder verfremdest du Aussagen, damit sie besser zu deiner Arbeit passen?[14]

Es ist sehr schwer, all diese Kriterien zu erfüllen. Sie gelten über alle Fächer hinweg für jeden, der wissenschaftlich arbeitet und du solltest unbedingt versuchen, sie zu berücksichtigen. Es kann helfen, wenn du über die hier aufgeführten Kriterien reflexiv schreibst, um sie für dich zu klären. Welche davon findest du besonders wichtig? Welche bereiten dir Kopfzerbrechen? Nutze dafür eine der Übungen aus Kapitel 2.3.

3.1 Schreibblockaden

Eigentlich alle Schreibratgeber, die ich bisher gelesen habe, behaupten, dass es keine Schreibblockaden gibt. Aber warum kennen wir sie dann alle? Ich verleugne nicht, dass es sie gibt – oft genug habe ich selber minutenlang auf den blinkenden Cursor gestarrt oder den Rechner gar nicht erst hochgefahren. Aber ich sage definitiv: Selbst schuld, wenn du nichts dagegen tust. Denn irgendwann endet jede Deadline und dein Text muss abgegeben werden. In diesem Unterkapitel findest du Hinweise, wie es zu Schreibblockaden kommen kann und was du dagegen unternehmen kannst.

---

14 Diese Kriterien stammen aus dem Buch „Wissenschaftliches Arbeiten" von Balzert, Schröder & Schäfer (2011). Dort werden noch einige weitere Kriterien beschrieben, diese sind aber eher für naturwissenschaftliche Fächer relevant.

Tipp 1: Schreiben, schreiben, schreiben. Fang früh im Studium an, das Schreiben zu üben und Spaß daran zu entwickeln. Es ist sehr wahrscheinlich, dass der Grund für deine Schreibblockade im mangelnden Selbstvertrauen liegt. Dir fehlen die Schreibübung und Textrückmeldung und damit ein generelles Sicherheitsgefühl. Die Übungen im zweiten Kapitel können dazu führen, dass du merkst, wie das Schreiben deine gestalterische Praxis voranbringt. Aber selbst wenn du bereits mitten in der Abschlussarbeit steckst, hilft es nichts, deiner Unlust zu folgen. Sobald du anfängst zu schreiben und siehst, wie du die Seiten nach und nach füllst, wirst du Freude daran haben. Versprochen. Also: Hör auf zu lesen und schreib los.

Tipp 2: Warte nicht auf den Kuss der Muse. Schreiben, Zeichnen oder Gestalten funktioniert wie ein Handwerk: Du benötigst keine Inspiration, um damit anzufangen. Das kreative und physische Tun an sich prokelt die Inspiration aus dir heraus. Bei SportlerInnen, MusikerInnen oder SchauspielerInnen ist uns klar, dass sie üben und trainieren müssen, um eine Art Muskelerinnerung zu generieren und ihre Leistungen automatisch abrufen zu können. Das ist bei AutorInnen, GrafikerInnen oder DesignerInnen nicht anders (vgl. Barry 2015a, S. 163).

Tipp 3: Hör auf, zu bewerten. Einen sehr wertvollen Hinweis zum Thema Schreibblockade habe ich bei Lynda Barry gefunden: Hör auf, dich nach dem Wert deines Schreibens zu fragen. Ist die Formulierung gut? Ist der Text schlecht? Nachdenken und Grübeln über dein Schreiben wird dir nicht weiterhelfen, es lässt dich eher erstarren und immobilisiert dich. Du kommst aus dieser Blockade heraus, indem du etwas tust. Am besten ohne Absicht oder Ziel. Verschwende Zeit und Material und mach etwas Nutzloses. Doodle herum oder schreib das ABC. Halte die Unsicherheit bezüglich deiner Arbeit lang genug aus und schreibe, zeichne oder gestalte einfach durch sie hindurch. Die Frage, ob deine Arbeit gut oder schlecht ist, solltest du so lange wie möglich ausblenden. So wirst du automatisch etwas schaffen, das dich weiterbringt (Barry 2015b, S. 130–135).

Tipp 4: Arbeite mit Deadlines. Für mich funktioniert das Schreiben am besten, wenn ich eine enge Deadline habe. Diese blendet meine Selbstzweifel bezüglich des Schreibens aus, so dass ich weiter produktiv sein kann. Schaffe dir die Rahmenbedingungen, die du brauchst, um trotz Selbstzweifel und Unsicherheit kreativ zu sein und voranzukommen. Egal ob du schreibst oder gestaltest.

Tipps 5: Triff Entscheidungen. Eine zusätzliche Besonderheit des wissenschaftlichen Schreibens im Gegensatz zum privaten oder beruflichen Schreiben ist, dass du dabei Ziele verfolgst, die sich nicht unbedingt miteinander vereinbaren lassen. Du musst laufend Entscheidungen treffen zwischen deinem eigenen Anspruch und dem deiner BetreuerInnen, zwischen Perfektion und den zur Verfügung stehenden Ressourcen (Zeit, Geld, deiner Gestaltungskompetenz), zwischen bestehenden Normen, die du erfüllen musst (beispielsweise Seitenzahlen, Zeilenabstand, Schriftart) und deinen individuellen Wünschen und Ideen. Gleichzeitig ist deine Abschlussarbeit dein großes Abschiedsstück von der Hochschule und Designstudierende suchen sich meist Themen aus, die ihnen persönlich wichtig sind.

Manchmal steckt man also beim Schreiben fest, weil eine Entscheidung getroffen werden muss, die man nicht treffen will oder kann. Dabei kann es um alles Mögliche gehen, beispielsweise, ob du genug recherchiert hast für dein Theoriekapitel oder welche von zwei Methoden du als erstes beschreibst.

Weißt du, was das Schöne beim Schreiben ist? Du bist damit durch das Zeichnen bestens vertraut: Papier ist geduldig. Die meisten Entscheidungen, die du triffst, kannst du später wieder ändern. Außerdem hilft es, mit anderen Studierenden oder Lehrenden über deine anstehenden Entscheidungen zu sprechen. Aber: Das Wesen einer wissenschaftlichen Arbeit ist, dass du genau diese unzähligen kleinen Entscheidungen triffst und die Arbeit dadurch zu deiner eigenen machst. Genieße diese Freiheit, umarme sie.

Tipp 6: Pragmatismus statt Perfektionismus. Spring nicht höher als du musst. Du schreibst deine Arbeit unter bestimmten Rahmenbedingungen (beispielsweise Zeit, finanzielle Mittel und andere Ressourcen) und das führt dazu, dass es nicht die perfekte Arbeit werden kann. Geh Kompromisse ein. Es ist nie möglich, all das zu schreiben (und zu gestalten), was du gerne möchtest.

Tipp 7: Etabliere Rituale. Egal was du dir als Schreibritual aufbaust, es wird durch die Routine, mit der du es durchführst, funktionieren. Hier ein paar Beispiele, von denen mir andere Schreibende berichtet haben:

- Betrachte das Schreiben als Arbeit. Geh morgens hin und komm abends zurück. Mach zwischendurch Pausen, aber nicht zu lange und zu viele.
- Koch dir morgens eine Kanne Tee und setz dich dann an den Schreibtisch. Während des Schreibens wird der Tee getrunken. Wenn die Kanne leer ist, ist es Zeit für eine Pause.
- Mach in der Mittagspause Sport.
- Geh einmal am Vormittag und einmal am Nachmittag spazieren. Der Ort, an den du zurückkehrst, ist vielleicht der gleiche, aber du hast dich durch den Umgebungswechsel verändert.
- Mach morgens vor dem Schreiben eine Runde Yoga. Schalte bei jedem neuen Unterkapitel oder jeder größeren neuen Aufgabe ebenfalls kurz bewusst ab und entspanne.

Solche Rituale helfen dir, eine regelmäßige Schreibroutine aufzubauen. Es ist dann keine lähmende Qual mehr, sich an den Schreibtisch zu setzen und den Rechner anzumachen. Es ist einfach der normale Tagesablauf.

Tipp 8: Hör auf Gründe für das Aufschieben zu erfinden. Die meisten Menschen, die etwas schreiben wollen, sollen oder müssen, haben einen Haufen Gründe dafür, warum es gerade nicht so gut läuft. Wenn man sich diese zunächst legitimen Gründe genauer anschaut, zerbröseln sie häufig.

- Mir fehlt die Zeit: Das Schreiben muss eine hohe Priorität bekommen. Viele Dinge, die wir täglich tun, sind nicht so wichtig, wie das Schreiben (besonders, wenn es um deine Abschlussarbeit geht). Und du brauchst auch keine langen Zeitblöcke am Stück dafür (vgl. Silvia 2010, S. 11). Es gibt sogar einen Schreibratgeber darüber, wie man seine Abschlussarbeit in 15-minütigen Zeitfenstern schreibt (vgl. Bolker 1998).
- Ich muss erst noch mehr recherchieren: Das stimmt in den allermeisten Fällen nicht. Alle Tätigkeiten, die dem Schreiben vor dem eigentlichen Schreiben zugeordnet werden, musst du ir-

gendwann einfach hinter dir lassen und mit dem tatsächlichen Schreiben anfangen. Dazu gehören: Ideen generieren, eine Gliederung erstellen, lesen, recherchieren und Daten analysieren. All diese Tätigkeiten sind wichtig, sollten aber zum Schreiben führen. Sonst werden sie unproduktiv (vgl. Silvia 2010, S. 18f.).

- Ich brauche einen neuen Computer/Schreibtisch/Drucker: Das ist wirklich nur eine Ausrede (vgl. ebd. S. 19). Ich habe sie selber schon oft benutzt, wenn ich einfach nicht schreiben wollte.

Also: Schiebe keine Gründe vor, setz dich auf deinen Pöppes und leg los.

Tipp 9: Setz dir Ziele. Manche Menschen motiviert es stark, wenn sie sich Ziele setzen und diese dann erreichen. Du kannst dir beispielsweise einen Schreibplan machen, der bis zum Abgabedatum geht. Du kannst dir auch morgens eine Schreib-To-Do-Liste erstellen, die du an diesem Tag schaffen möchtest. Es macht unglaublich viel Spaß, die einzelnen Ziele nach und nach durchzustreichen und zufrieden Feierabend machen zu können.

Tipp 10: Verfolge dein Vorankommen. Zähle jeden Tag die Seiten oder Zeichen, die du geschafft hast. Du kannst dir dazu eine Tabelle oder ein Diagramm in dein Notizbuch zeichnen und darin deinen Fortschritt festhalten und sichtbar machen.

Tipp 11: Starte eine Schreibgruppe. Es kann manchmal ungemein helfen, seine Probleme und Fragen mit anderen zu besprechen, die in der gleichen Situation stecken. Trefft euch wöchentlich oder in einem Rhythmus, der für euch Sinn macht. Bei jedem Treffen könnt ihr zunächst festhalten, welche Ziele ihr seit dem letzten Treffen erreicht habt, was euch Schwierigkeiten beim Schreiben bereitet hat, welche Schreibtipps ihr ausprobiert habt (die auch funktioniert haben) und was ihr euch bis zum nächsten Treffen vornehmt. Ihr könnt hierfür die Übung „Reflektieren zu zweit" auf S. 54 nutzen.

3.2 Schreibstrategien

Jeder Schreiberjeck ist anders und geht beim Schreiben auch anders vor. Ganz grundsätzlich gibt es Top-down- und Bottom-up-SchreiberInnen. Top-down-SchreiberInnen planen ihren Text erst und starten dann mit dem Schreiben. Bottom-up-SchreiberInnen schreiben erstmal drauf los und strukturieren ihre Texte später (vgl. Molitor-Lübbert 2003).

Manche AutorInnen schreiben ihre Texte von vorne nach hinten in der Reihenfolge, wie sie hinterher gedruckt werden. Manche fangen aber auch irgendwo in der Mitte an und springen in ihrem Dokument hin und her. Einige schreiben zunächst eine ziemlich rohe erste Version ihres Textes und überarbeiten ihn dann mehrfach grundlegend. Andere schreiben schon eine sehr fertige erste Version und überarbeiten am Ende nur noch Kleinigkeiten.

Jede dieser Schreibstrategien hat ihre Gültigkeit: Mit jeder kommt man zu einem guten fertigen Text. Jede Vorgehensweise bringt andere Stärken aber auch Schwächen mit sich. Für dich ist es wichtig herauszufinden, welche Schreibstrategie zu dir passt. Womit bist du produktiv und kommst voran? Und dann sollte dir unbedingt bewusst sein, welche Schwächen deine Vorgehensweise hat, damit du damit umgehen kannst (vgl. Kruse 2007, S. 41ff.).

In meinen Workshops nutze ich einen Schreibtypentest von Kolleginnen in Berlin (Arnold, Chirico & Liebscher 2012, S. 95ff.). Du findest ihn frei verfügbar im Internet.[15] Die Studierenden, die diesen Test in meinen Lehrveranstaltungen und Workshops machen (und auch ich selbst), sind meist Mischtypen aus den vier vorgestellten Typen Abenteurer, Eichhörnchen, Goldgräber und Zehnkämpfer. Ich empfehle dir, diesen Test zu machen und die Auswertung der vier Typen durchzulesen. Überlege, was davon auf dich zutrifft. Zu jedem Typ werden einige Risiken beschrieben. Wenn dir diese bewusst sind, hilft dir das dabei, sie zu vermeiden.

Ganz ähnliche Schreibstrategien finden sich auch in anderen Schreibratgebern (beispielsweise bei Scheuermann 2012). Der Planer, der etwa den oben genannten Top-down-SchreiberInnen oder dem Typ Goldgräber entspricht, hat immer einen Überblick über

---

15 http://bit.ly/2nLYCVy zuletzt aufgerufen am 11. Mai 2017.

seinen Gesamttext und das Schreiben ist zielorientiert. Allerdings gibt es gerade beim wissenschaftlichen Schreiben oft die Situation, dass man ohne ausführliche Recherche noch gar nicht genau weiß, worüber man schreiben wird. Daher kann am Anfang nicht immer eine sinnvolle Gliederung erstellt werden, sondern diese entsteht erst während des Schreibens und Recherchierens. Außerdem schieben Planer manchmal das eigentliche Schreiben vor sich her, da sie (zu) lange über die Textstruktur nachdenken (vgl. ebd. S. 52ff.).

Der Drauflosschreiber, der den Bottom-up-SchreiberInnen und den Abenteurern ähnelt, hat beim Schreiben ständig neue Ideen und Gedanken, was inspirieren und motivieren kann. Es macht Spaß zu sehen, dass schnell viel Text entsteht. Andererseits schweifen diese SchreiberInnen ab und zu vom Thema ab und müssen ihre Texte im Nachhinein stark überarbeiten, damit sie eine stringente Struktur haben (vgl. ebd. S. 54ff.).

Ähnlich dem oben erwähnten Zehnkämpfer schreibt der Versionenschreiber. Bei dieser Vorgehensweise werden Texte mehrfach von Grund auf überarbeitet und manchmal auch komplett neu geschrieben. Vorteile sind, dass diese Personen eine schnelle und unzensierte erste Version schreiben – schließlich folgen ja viele gründliche Überarbeitungsschritte. Die dabei entstehende Menge an Text birgt aber ein großes Risiko: dass man den Überblick verliert oder sich nicht zwischen verschiedenen Versionen entscheiden kann (vgl. ebd. S. 56ff.).

Der Patchworkschreiber – vergleichbar mit dem Eichhörnchen – springt immer zu dem Textteil, auf den er gerade Lust oder zu dem er eine Idee oder Assoziation hat. Der Text wächst dann an vielen Stellen gleichzeitig und wird oft in vielen kürzeren Zeitabschnitten geschrieben. Das ist gut, da so nicht gegen Widerstände geschrieben wird, sondern mit dem eigenen Denken. Andererseits lassen sich schwere oder anstrengende Textteile beliebig lange aufschieben und man verliert schnell den Überblick, wie viel insgesamt noch zu schreiben ist (ebd. S. 58ff.).

Die Beschäftigung mit Schreibtypen kann dir dabei helfen, darüber nachzudenken, wo deine Stärken und Schwächen beim Schreiben liegen. Was dir leicht von der Hand geht und wo du vielleicht Unterstützung benötigen könntest. Außerdem kannst du die verschiedenen Schreibstrategien nutzen, um Schreibblockaden zu lösen. Wenn du feststeckst und kein Tipp des vorherigen Unterkapitels hilft, wechsle bewusst deine Strategie: Verhalte dich, als wärst du ein anderer Schreibtyp. Das kann einen neuen Impuls beim Schreiben setzen und dir dabei helfen, voranzukommen.

3.3 Formale Kriterien: „Das einfache Zeugs"

Gibt es an deiner Hochschule oder deinem Fachbereich ein Dokument, das dir Regeln für die formale Gestaltung deiner schriftlichen wissenschaftlichen Arbeit erklärt? Geben deine BetreuerInnen oder andere Lehrende, bei denen du eine Hausarbeit schreiben musst, dir einen solchen *style guide*? Dann halte dich daran. So einfach ist das. In einem solchen Leitfaden findest du beispielsweise folgende Informationen:

- Wie soll das Inhaltsverzeichnis aufgebaut und nummeriert werden?
- Wie viele Gliederungsebenen sind erlaubt?
- Welche Zitierweise soll verwendet werden?
- Welche Schriftart und -größe werden zugelassen?
- Welches Seitenformat und welcher Seitenspiegel sind erlaubt?
- Wie groß soll der Zeilenabstand sein?

Beim wissenschaftlichen Schreiben sind dies die einfachen Entscheidungen, mit denen du nicht viel Zeit verbringen solltest – daher auch der Titel dieses Unterkapitels. Wenn du keinen Leitfaden bekommst, suche im Internet nach Leitfäden anderer Hochschulen, an diesen kannst du dich gut orientieren.

Berücksichtige bei Hausarbeiten, Projektdokumentationen und deiner Abschlussarbeit außerdem, dass deine Lehrenden jedes Semester viele schriftliche Arbeiten bekommen. Diese müssen für einen bestimmten Zeitraum aufbewahrt werden. Sieh also von ungewöhnlichen Formaten ab und erstelle eine gebundene Version im DIN-A4-Format. Die Lesbarkeit und Handhabbarkeit sollten gut sein.

Bei deiner Abschlussarbeit kann es sein, dass du die Dokumentation stärker an die Gestaltung deines Produktes anpassen möchtest. Dennoch unterliegst du auch dabei den formalen Zwängen deiner Hochschule, deines Fachbereichs und deiner BetreuerInnen. Daher gib dir von Anfang an Mühe, den formalen Vorgaben gerecht zu werden. Natürlich gibt es dabei oft Verhandlungsspielraum. Formale Alternativen solltest du aber nicht eigenmächtig umsetzen, sondern mit deinen BetreuerInnen besprechen und aushandeln: Warum möchtest du es anders machen als gefordert? Wenn du das gut argumentieren kannst, wird es dir oft ermöglicht.

Für KommunikationsdesignerInnen ist es besonders wichtig, dass sie sich im Bereich Typographie gut auskennen und die korrekten Anführungszeichen, Binde- und Trennstriche sowie Apostrophe setzen. Der Satzspiegel, das Raster, die Schriftart, Block- oder Flattersatz und der Zeichen- und Zeilenabstand sind quasi deine Visitenkarte als DesignerIn. Wenn du dabei Fehler machst oder die Lesbarkeit deines Textes einschränkst, zeigt das, dass du im Studium nicht gut aufgepasst hast.[16]

Bedenke unbedingt, dass du am Ende zwei verschiedene PDF-Versionen benötigst: ein Druck-PDF und eine PDF-Datei, die als Digitalversion zum Lesen gedacht ist.

3.4 Schreiben vs. Gestalten: finde die Balance

Eine gestalterische Abschlussarbeit vereint zwei kreative Prozesse: den Gestaltungsprozess (den du bereits gut kennst)[17] und den Schreibprozess (den du vermutlich kaum kennst). Gehe möglichst entspannt mit Ungewissheiten bezüglich des wissenschaftlichen Schreibens um. Das hast du in den letzten Jahren während des Studiums für deine Gestaltung gelernt: „Et hätt noch immer jot jejange." Egal wie verschwurbelt der Gestaltungsprozess auch war, egal wie oft du wieder zum Anfang zurückgekehrt bist; du hast die Gewissheit, dass am Ende etwas Gutes dabei herauskommt.

Diese Gewissheit fehlt dir vermutlich für das Schreiben – du hast es einfach zu selten gemacht, um auf die gleiche positive Erfah-

---

16 Mein Buchtipp mit einem guten Überblick zu typographischen Fragen ist „Buchstabenkommenseltenallei n" (Kupferschmid 2009).

17 Zum Gestaltungsprozess und einigen Methoden dafür findest du im Abschnitt „der Designer" des Buchs „no no position" eine gute Übersicht (Erasmus 2012).

rung zurückgreifen zu können. Genau wie beim Gestalten wirst du auch beim Schreiben nicht in einer geraden Linie vom ersten Wort bis zum fertigen Text durchschreiben. Du wirst auf Hindernisse stoßen, falsche Abzweigungen nehmen und einzelne Schritte mehrfach gehen. Dennoch kenne ich wirklich keine Studierenden, die nicht mit ihrer Abschlussarbeit fertig geworden sind.

Gleichzeitig ist es schwer, ohne ein Gefühl von Dringlichkeit produktiv zu sein. Kreative Arbeit funktioniert super bei geschlossener Tür und mit einer Deadline. Ein enger Zeitrahmen hilft dir dabei, dich zu fokussieren. Daher empfehle ich dir, einen Zeitplan zu erstellen, um für alle anstehenden Schritte im Gestaltungs- und Schreibprozess ausreichend Zeit zu haben:

Zeitplanung

Notiere dir alle Aufgaben der Gestaltungs- und Schreibprozesse, die dir einfallen. Werde so spezifisch wie möglich. Fang mit dem Gestaltungsprozess an, da du für diesen auf eine größere Erfahrung zurückgreifen kannst. Notiere dir anschließend die Schritte, die du beim Schreiben deiner Dokumentation erwartest. Die noch folgenden Kapitel dieses Buchs werden dir dabei helfen, den Schreibprozess besser kennenzulernen. Daher macht es Sinn, dass du das nächste Kapitel liest, bevor du mit der Zeitplanung weitermachst.

Nimm dir einen Kalender. Wenn du deine Arbeit bereits angemeldet hast, weißt du, wann du abgeben musst. Wenn du noch nicht angemeldet hast, überleg dir, wie viel Zeit du in deine Abschlussarbeit investieren möchtest. Wann möchtest du spätestens fertig sein?

Bringe nun alle Aufgaben sowohl des Gestaltungs- als auch des Schreibprozesses in eine für dich sinnvolle Reihenfolge. Hierbei brauchst du nicht so detailliert vorgehen. Definiere lieber übergeordnete Arbeitspakete, das lässt dir später mehr Freiheit bei der Umsetzung deines Plans. Die meisten Menschen fühlen sich von einer zu detaillierten Projektplanung schnell eingeengt und gegängelt. Stell dir vor, du wüsstest für jeden Tag der nächsten Monate exakt, was du tun und schaffen musst. Da macht das Aufstehen morgens schnell keinen Spaß mehr.

Stattdessen ist es aus meiner Erfahrung sinnvoll, wenn du am Ende jeder Woche weißt, was du erreicht haben solltest. Lass dir dabei auf jeden Fall die Wochenenden frei. Einerseits benötigst du

Freizeit und andererseits kannst du diese zur Not nutzen, um deine anvisierten Arbeitspakete fertigzustellen, solltest du mal länger brauchen, als gedacht. Achte beim Schreiben darauf, dass das die Ausnahme bleibt. Wie gesagt: Du brauchst Freizeit und Entspannung, um langfristig produktiv zu sein.

Besprich diesen Arbeitsplan mit deinen BetreuerInnen und hol dir Feedback ein. Ist deine Planung realistisch? Wann möchten sich deine BetreuerInnen mit dir treffen und Zwischenergebnisse diskutieren? Diese externen Meilensteine können dich dazu anspornen, im Zeitplan zu bleiben. Aber Achtung: BetreuerInnen haben eine ganz eigene Vorstellung davon, wie sie Abschlussarbeiten begleiten. Nicht alle sind bereit, regelmäßig über deinen Fortschritt zu diskutieren und dir inhaltliches Feedback zu geben. Lies dir den Exkurs „BetreuerInnen finden und die Rahmenbedingungen klären" auf S. 83 durch. Dort findest du weitere Themen, die du besprechen solltest.

Mit dieser Zeitplanung stehen dir nun viele einzelne Deadlines zur Verfügung. Wenn du wirklich innerhalb dieses Zeitrahmens fertig werden möchtest (oder sogar musst), dann gilt es zu jeder Deadline das, was du bis dahin geschafft hast, als *fertig* zu akzeptieren. Mach mit der nächsten Aufgabe weiter, schließlich gibt es dazu ja auch wieder einen vorab bestimmten Zeitrahmen, den du einhalten möchtest oder musst.

3.5 Textarten im Design

Im Design gibt es zwei Haupttypen von schriftlichen wissenschaftlichen Arbeiten: Dokumentationen und Hausarbeiten. Auf beides werde ich gesondert eingehen, da es mehr Unterschiede als Gemeinsamkeiten gibt.

3.5.1 Dokumentationen

Dokumentationen sind das tägliche Brot für DesignerInnen. Sie sind bei den meisten Projektarbeiten im Studium Teil der Prüfung. In der Dokumentation stellst du deine gestalterische Arbeit für andere nachvollziehbar dar: Was ist das adressierte Problem? Warum ist das relevant? Welche Vorarbeiten gibt es dazu? Mit welcher Vorgehensweise und welchen Medien hast du diese Gestaltungsaufgabe gelöst? Deine Lehrenden bekommen durch die Dokumentation also einen Überblick, in wie weit du dich mit deinem Thema auseinandergesetzt hast. Du selber kannst die Dokumentation dafür nutzen, um über deine Arbeit zu reflektieren und den Prozess sowie das Ergebnis für dich festzuhalten.

Die Dokumentation enthält folgende Teile:

1. Titelseite (Thema, dein Name, Matrikelnummer, eventuell der Kurs, für den die Dokumentation erstellt wurde, das Semester)
2. Inhaltsverzeichnis
3. Manchmal Abkürzungsverzeichnis
4. Abstract/Zusammenfassung (manchmal auch auf Englisch)
5. Problemdarstellung, Einordnung deiner Arbeit
6. Recherche
7. Dein daraus abgeleiteter konzeptioneller gestalterischer Ansatz
8. Entwurfsentwicklung
9. Beschreibung des finalen Entwurfes (visuell und schriftlich)
10. Fazit und offene Fragen oder weiterführende Ansätze
11. Evtl. Glossar
12. Quellenverzeichnis (Literatur und Abbildungen)

Da deine Bachelorarbeit eine umfassende Dokumentation ist, werden weitere Aspekte wie Kriterien für die einzelnen Textteile ausführlicher in den Kapiteln 4.4, 4.5 und 4.7 beschrieben.

3.5.2 Hausarbeiten

Hausarbeiten sind häufig die Prüfungsleistung von Theoriekursen. Fast jedes Curriculum im Bereich Design enthält Fächer wie Kunst- und Kulturgeschichte oder Designtheorie. Dort lernst du die theoretischen Basics und die Geschichte deiner Disziplin. In einer Hausarbeit setzt du dich dann mit einem eng zugespitzten Thema oder eine Fragestellung auseinander und bearbeitest diese durch Literaturrecherche und eigenes Argumentieren.

Der generelle Aufbau einer Hausarbeit ist so:

1. Titelseite
2. Inhaltsverzeichnis
3. Manchmal Abkürzungsverzeichnis
4. Einleitung (Umfang etwa 10 %)
5. Hauptteil (Umfang etwa 80 %)
6. Schluss (Umfang etwa 10 %)
7. Literaturverzeichnis

Die *Einleitung* gibt LeserInnen deiner Arbeit einen Überblick darüber, was sie im Hauptteil erwartet. Dazu stellst du das Thema kurz vor und ordnest es in einen größeren Zusammenhang ein. Das kannst du beispielsweise zeitlich, räumlich oder inhaltlich machen. Falls du dir das Thema selbst ausgesucht hast, kannst du auch begründen, warum du es gewählt hast. Was macht es interessant und relevant? In wie weit ist es aktuell von Bedeutung? Das darfst du aber nicht zu subjektiv und persönlich beschreiben. Die Hausarbeit ist eine wissenschaftliche Arbeit und sollte daher objektiv geschrieben werden (vgl. den Anfang des dritten Kapitels). Eine Hausarbeit ist kein persönlicher Erfahrungsbericht.

Nachdem du das Thema in der Einleitung kurz dargestellt hast, solltest du noch klar machen, was das Ziel deiner Hausarbeit ist. Hierfür gibt es, wie bei einer normalen Geschichte, mehrere mögliche Story Templates:

1. **Wer hat Recht? Was stimmt?** Bei diesem Plot geht es dir darum, zwei oder mehr sich widersprechende Theorien oder Ansichten miteinander zu vergleichen und am Ende zu beweisen, dass eine Person oder eine Theorie richtig liegt (Silvia 2015, S. 87). Beispielsweise könntest du dich mit zwei sehr unterschiedlichen Begriffsdefinitionen von Design auseinandersetzen und am Ende zum Fazit kommen, dass eine von beiden stimmt, die andere nicht.

2. **So ist es, so funktioniert's.** In diesem Fall möchtest du deinen LeserInnen etwas erklären oder beibringen (ebd. S. 90). Das kann beispielsweise eine kunstgeschichtliche Epoche, eine psychologische Theorie, ein mechanisches Gerät oder ein Computerprogramm sein. Ganz egal, Hauptsache hinterher sind die LeserInnen

schlauer. Du könntest beispielsweise den Design-Thinking-Prozess erklären.

3. **Dinge, die sich ähneln, sind eigentlich ganz unterschiedlich (oder andersherum).** In solchen Hausarbeiten geht es entweder darum, Theorien oder Prozesse, die als ähnlich betrachtet werden, voneinander unterscheidbar zu machen oder zu zeigen, dass Theorien bzw. Prozesse, die als unterschiedlich eingeschätzt werden, in Wirklichkeit sehr ähnlich sind (ebd. S. 92). Ein Beispiel für dieses Template ist das Thema: Warum Futurismus und Kubismus eigentlich das Gleiche sind.

Du kannst zum Ziel deiner Arbeit eine Fragestellung entwickeln, die du im Hauptteil beantworten möchtest.

Wichtig ist, dass sich dein Thema wirklich im Rahmen einer Hausarbeit bearbeiten lässt. Hierfür bekommst du meist eine Seitenangabe. Tu dir selber einen Gefallen und grenze dein Thema eng ein, damit dich die Recherche und das Schreiben nicht überfordern. Wenn du erst einmal drei Bücher lesen musst, um den Kontext deines Themas zu verstehen, wird sich das Schreiben sehr lang hinziehen. Ganz pragmatisch geht es darum, dass du einen Kurs bestehst, indem du zeigst, dass du ein Kursthema oder -unterthema wissenschaftlich bearbeiten kannst. Nicht weniger aber auf keinen Fall mehr.

Der letzte Teil deiner Einleitung gibt LeserInnen einen Überblick über den weiteren Aufbau und Inhalt der Arbeit. Die drei Templates bedingen jeweils eine eigene Struktur des Hauptteils, auf die du am Ende der Einleitung kurz hinweist, damit LeserInnen sich in deiner Arbeit gut orientieren können und immer wissen, wo sie sich gerade befinden.

Der *Hauptteil* deiner Arbeit richtet sich ebenfalls nach dem Story Template, das du ausgewählt hast:

1. **Wer hat Recht? Was stimmt?** In diesem Fall beginnst du mit dem Standpunkt oder der Theorie, die du als falsch ansiehst. Beschreibe jedoch zunächst, warum diese stimmt. Dabei solltest du positiv und offen schreiben, obwohl du anderer Meinung bist. Belege die-

sen Standpunkt mit älteren Quellen, die beweisen, dass es sich um eine lange als korrekt akzeptierte Meinung oder Theorie handelt.

Der nächste Abschnitt soll nun die Kritikpunkte offenlegen, die du zu diesem Standpunkt oder dieser Theorie findest. Warum kann sie (durch aktuellere Quellen belegt) nicht stimmen?

Nach dieser kritischen Würdigung beschreibst du die zweite Ansicht oder Theorie. Auch hierbei solltest du aktuelle Quellen nutzen, die diese glaubhaft unterstützen.

Der vierte Abschnitt diskutiert nun die Schwächen der zweiten Meinung oder Theorie. Diese Kritik solltest du jedoch kontern, so dass der zweite Standpunkt als glaubwürdig und richtig beschrieben wird.

Bei diesem Template ist es wichtig, dass du möglichst objektiv schreibst und deine persönliche Meinung nicht zu deutlich durchscheinen lässt. Am besten ist es, wenn du vor der Recherche noch keine eigene Meinung hast, bzw. diese nach dem Lesen deiner Quellen überdenkst und in Frage stellst (ebd. S. 88ff.).

2. **So ist es, so funktioniert's.** Im ersten Abschnitt deines Hauptteils musst du deinen LeserInnen das, was du erklären möchtest, näher bringen. Warum ist dies ein wichtiger Prozess oder eine wichtige Theorie, den bzw. die sie verstehen und kennen sollten? Belege dies mit möglichst relevanten Quellen: Artikel oder Bücher von bekannten PraktikerInnen oder TheoretikerInnen (ebd. S. 91).

   Anschließend beschreibst du die Funktionsweise im Überblick: Welche Schritte gibt es und welche einzelnen Komponenten sind beteiligt?

   Der dritte und letzte Abschnitt deines Hauptteils beschreibt alle beteiligten Komponenten oder Aspekte des Prozesses oder des Gerätes im Einzelnen. Warum spielen diese Dinge für den Gesamtprozess eine Rolle? Welche? Nimm dabei Bezug auf deine Beschreibung des Überblicks.

3. **Dinge, die sich ähneln, sind eigentlich ganz unterschiedlich (oder andersherum).** Dein Hauptteil enthält zunächst eine literaturgestützte Beschreibung der beiden Aspekte, die du in Beziehung setzt. Anschließend solltest du die vorherrschende Lehrmeinung wiedergeben: entweder dass beide Dinge ähnlich

sind oder dass sie unterschiedlich sind. Dafür benötigst du Literatur, die die vorherrschende Lehrmeinung unterstützt. Such am besten etwas ältere und auch neuere Quellen, die diese Meinung vertreten.

Den zweiten Teil deines Hauptteils nutzt du dafür, zu erklären, warum du der Meinung bist, dass die Dinge eigentlich ganz anders sind. Vielleicht gibt es bereits Texte, die hierauf hindeuten und eine ähnliche Perspektive einnehmen, wie du.

Im letzten Teil deines Hauptteils geht es nun darum, Argumente zu liefern, warum deine neue Einschätzung stimmt (ebd. S. 92f.). Was genau ist es, das die Ähnlichkeit oder Unterschiedlichkeit ausmacht? Hierfür solltest du möglichst stichhaltige Argumente liefern.

Deinen Hauptteil solltest du den drei Templates entsprechend in Unterkapitel gliedern. Gib ihnen aussagekräftige Titel, die die Leserorientierung unterstützen und zusammenfassen, worum es im jeweiligen Unterkapitel geht.

Der *Schlussteil* deiner Hausarbeit geht sowohl auf den Hauptteil als auch auf die Einleitung ein. Greif das Ziel, das du in der Einleitung gesetzt hast, noch einmal auf: Bring auf den Punkt, ob und wie du es erreicht hast. Fasse die Ergebnisse deines Hauptteils dafür knapp zusammen und ziehe ein Fazit. Wichtig ist, dass du auch dabei objektiv bleibst und nicht deine persönliche Erfahrung während des Recherchierens und Schreibens resümierst.

Gibt es noch offene Aspekte? diese solltest du ebenfalls kurz benennen und eventuell begründen, warum du sie nicht bearbeitet hast.

Diese Dinge solltest du in deiner Hausarbeit vermeiden:

- Nenne deine drei Kapitel nicht Einleitung, Hauptteil und Schluss, sondern gib ihnen aussagekräftige Titel, die zu deinem Thema passen.
- Vermeide im Hauptteil eine *Chronologie* deines Themas zu schreiben. Damit meine ich, dass du keine zeitliche Entwicklung nachzeichnest, wie das Thema von wem behandelt oder untersucht wurde (außer, wenn genau das Thema deiner Hausarbeit ist).

Kapitel 4: Der Schreibprozess deiner Abschlussarbeit

Bei kurzen Texten braucht man sich um den Schreibprozess meist noch keine größeren Gedanken machen. Erst wenn ein längerer Text ansteht – etwa eine Abschlussarbeit – wird klar, dass das Schreiben verschiedene Phasen durchläuft, die irgendwie organisiert werden wollen. Dabei hilft es sehr, wenn man sich dieser Phasen bewusst ist und weiß, worauf es jeweils ankommt.

Dieses Kapitel schließt eng an deine bisherige Erfahrung mit Gestaltungsprozessen an. Das Schreiben deiner Abschlussarbeit ähnelt einem Designprojekt im Studium (vgl. Abbildung 1). Allerdings hast du viel mehr Zeit dafür und deshalb wird mehr von dir erwartet: Du kannst ein größeres Thema bearbeiten, eine umfangreichere Umsetzung entwickeln und eine tiefere theoretische Auseinandersetzung mit deinem Thema leisten.

Bei meinen Studierenden habe ich beobachtet, dass sie mit dem Schreiben der Abschlussarbeit häufig folgende Probleme haben:

- Viele kümmern sich zunächst nicht um das Schreiben, sondern arbeiten nur an der gestalterischen Umsetzung. Hierzu findest du auf Seite 72 eine Übung, die dir hilft, Schreiben und Gestalten auszubalancieren.
- Studierende vergessen manchmal, ihre Fortschritte zu dokumentieren. Am Ende fehlen ihnen dann die Zwischenergebnisse oder sie erinnern sich nicht mehr daran, warum sie bestimmte Entscheidungen getroffen haben. Dies kannst du vermeiden, indem du ein Arbeitsjournal führst und regelmäßig reflektierst, wie du mit dem Gestalten und Schreiben vorankommst (im Kapitel 2.3 findest du hierzu Hinweise und Übungen).
- Einige Designstudierende sind mit dem Schreiben der Dokumentation ihrer Bachelor- oder Masterarbeit überfordert. Sie wissen nicht, wie sie einen so langen Text angehen sollen. Das liegt dar-

an, dass DesignerInnen in ihrem Studium nur sehr wenig schreiben und den Schreibprozess daher nicht kennenlernen.

Genau darum geht es in diesem Unterkapitel: Welche Phasen durchläufst du, während du einen langen Text schreibst? Was ist jeweils wichtig und wie kannst du möglichst ohne große Fragezeichen oder sogar Probleme zum Ende kommen? Wenn du den Schreibprozess kennst und weißt, was dich erwartet, kannst du bewusster damit umgehen und wirst entspannter fertig.

Die meisten Menschen haben eine ziemlich schräge Vorstellung davon, wie man eine Abschlussarbeit schreibt. Erst macht man etwas (Forschen oder Gestalten) und wenn man damit fertig ist, schreibt man es auf. Dazwischen gilt es, auf die erleuchtende Idee zu warten: Sonst weiß man ja gar nicht, was geschrieben werden soll. Zum Glück entspricht diese Vorstellung nicht der Realität.

Prinzipiell funktioniert das Schreiben von langen Texten genauso wie das von kurzen: Du setzt dich hin und fängst einfach an. Genau wie das Gestalten ist auch das Schreiben iterativ. Das heißt, es verläuft in Schleifen, bei denen du mal Neues schaffst und dabei merkst, wie du vorwärts kommst und mal innehältst und das überarbeitest, was du geschrieben hast. Es gibt also kreative Phasen und kontrollierende Phasen, die sich immer wieder abwechseln (vgl. Kruse 2007, S. 40). Ein Tipp: Versuche, nicht beides gleichzeitig zu machen – also kreativ sein und kontrollieren –, das funktioniert nicht gut.[18]

Die schwierige Frage ist: Womit anfangen? Und wie? Der Schreibprozess hat vier große Phasen, die jeweils mehrere Einzelschritte umfassen:

1. Planen und Abstimmen
2. Material sammeln

---

18 Du kennst es bestimmt, wenn du versuchst einen Satz zu schreiben, mit dem du unzufrieden bist. Du formulierst über Minuten daran herum und kommst doch nicht zu einem Ergebnis, das dich zufrieden stellt. Die Lösung ist, dass du erst einmal umgangssprachlich schreibst, was du sagen möchtest und später noch einmal zu diesem Satz zurückkehrst und ihn sprachlich überarbeitest.

3. Arbeit am Text und Überarbeiten
4. Abschließen

In der Planungs- und Abstimmungsphase legst du den Grundstein für dein Schreibprojekt. Du findest dein Thema und BetreuerInnen, überlegst dir, wann du deine Arbeit anmelden wirst und damit auch, wann du sie abgeben musst. Während des Sammelns von Material eignest du dir Wissen an (z.B. durch Recherchieren und Lesen) und generierst erste Ideen daraus für deinen Text. Zu dieser Phase gehört auch das Gestalten an sich, das dir Futter für die drei Umsetzungskapitel (gestalterischer Ansatz, Entwurfsentwicklung und Beschreibung des finalen Entwurfs, s. Kapitel 3.5.1) liefert. Die Dritte Phase umfasst das gesamte Schreiben sowie die inhaltliche, strukturelle und sprachliche Überarbeitung deines Textes. Das Abschließen wird oft übersehen, da es eine sehr kurze Phase ist, in der du nicht mehr viel schreibst. Hier passiert das Meiste im Kopf.

Wie beim Gestaltungsprozess laufen diese Phasen sowie deren jeweilige Arbeitsschritte nicht linear ab. Viele Schritte wirst du mehrfach machen und immer mal wieder zu den ersten zwei Phasen zurückkommen. Es kann beispielsweise sein, dass du während des Schreibens oder Gestaltens feststellst, dass du noch einmal etwas mit deinen BetreuerInnen abstimmen musst, weil du eine neue Idee entwickelt hast. Das ist absolut normal und lässt sich nur selten durch sorgfältiges Planen am Anfang verhindern (Kruse 2007, S. 112ff.).

In den folgenden Unterkapiteln beschreibe ich die wichtigsten Phasen des Schreibprozesses und erkläre dir deren Funktionen: Was ist dabei wichtig, worauf solltest du achten? Außerdem findest du wieder einige Übungen für die jeweiligen Schritte und ich verweise auch auf ein paar Übungen aus den vorherigen Kapiteln, die sich für das wissenschaftliche Schreiben deiner Abschlussarbeit eignen.

4.1 Das Briefing: dein Schreibauftrag

Am Beginn eines Schreibprojektes steht – genau wie bei einem Designprojekt – ein Briefing. Du musst deinen Schreibauftrag klären und zwar mit drei Beteiligten: dir selber und deinen BetreuerInnen. Als DesignerIn bist du in der fantastischen (das meine ich ernst) Situation, dass du dir das Thema deiner Abschlussarbeit selbst ausgesucht hast. Daher überlege zunächst für dich, was du dabei und damit erreichen möchtest.

Die glasklare Arbeit

Folgende Fragen können dir helfen, dein Projektthema oder das Thema deiner Abschlussarbeit zu klären (vgl. Erasmus 2012, S. 157):

1. Was möchte ich gestalten?
2. Was möchte ich damit verändern? Was ist meine Idee?
3. Wer sind die AdressatInnen meiner Gestaltung? Für wen mache ich die Abschlussarbeit? Gibt es einen Markt oder eine bestimmte Subkultur?
4. Gibt es reale oder fiktive AuftraggeberInnen? Wen?
5. Welche Methoden, Mittel und Medien möchte ich nutzen?
6. Warum möchte ich dieses Gestaltungsprojekt machen? Was ist das Problem dahinter?
7. Was möchte ich mit meiner Gestaltung erreichen? Was ist das Ziel?
8. Was sind die Rahmenbedingungen? Wieviel Zeit und Geld stehen mir zur Verfügung?

Schreibe zu jeder Frage eine kurze Antwort. Notiere oder skizziere auch sämtliche Bilder, die du dazu im Kopf hast. Aus diesem Sprach- und Gedankenmaterial formuliere anschließend deine Gestaltungsaufgabe. Dazu reichen meist zwei Sätze.

Meine Gestaltungsaufgabe für dieses Buch habe ich beispielsweise so formuliert: Designstudierende schreiben und arbeiten grundlegend anders, als Studierende anderer Fächer. Ich möchte eine Schreibwerkstatt für DesignerInnen schreiben, um ihnen konkrete Übungen und designspezifisches Wissen zur Verfügung zu stellen, damit sie Spaß am Schreiben entwickeln und das Schreiben für ihre Professionalisierung als DesignerInnen nutzen können.

Mit deiner Gestaltungsaufgabe hast du eine erste fundierte Idee für das Thema deiner Abschlussarbeit.

Exkurs: BetreuerInnen finden und die Rahmenbedingungen klären

Vereinbare einen Termin mit deinen WunschbetreuerInnen. An Hand deines Gestaltungsauftrags kannst du mit ihnen über deine Abschlussarbeit sprechen. Dabei wird schnell klar, ob sie sich vorstellen können, dich dabei zu betreuen. Wenn ja, gibt es ein paar Dinge, die du nun klären solltest, damit eure Zusammenarbeit gut funktioniert:

- Welche ersten Rückmeldungen haben sie zu deinen Ideen?
- Was ist ihrer Meinung nach das Ziel der Abschlussarbeit?
- Was sind für sie wichtige Anforderungen, die du erfüllen solltest?
- Welche Bewertungskriterien haben sie?
- Wie sollte ihrer Meinung nach der Zeit- und Arbeitsplan aussehen?
- Welche Art von Austausch wünschen sie sich? Wann und wie oft tauscht ihr euch über deine Fortschritte und Zwischenergebnisse aus? In welcher Form erwarten sie, dass du deine Ergebnisse präsentierst?
- Was ist ihr Verständnis als BetreuerInnen? Wie interpretieren sie die eigene Rolle und was ist deine Verantwortung?

Bei einer Abschlussarbeit kann es schnell passieren, dass die beteiligten Personen sich missverstehen und voneinander enttäuscht sind. Das beste Gegenmittel hierfür ist Kommunikation. Du kannst nur die Erwartungen erfüllen, die dir bewusst sind, das gleiche gilt auch für deine BetreuerInnen. Sie können dich nur dann so betreuen, wie du es dir wünschst, wenn sie deine Erwartungen kennen. Die Aspekte, die ich in der Aufzählung genannt habe, solltet ihr diskutieren und euch auf eine gemeinsame Linie einigen.

Exkurs: Umgang mit Feedback und Kritik

Wie du mit kritischem Feedback zu deinen Projekten umgehst, hast du im Laufe deines Studiums in den Praxiskursen gelernt. Allerdings kann es sein, dass es dir bei der Abschlussarbeit schwerer fällt, *konstruktiv, professionell* und *sachlich* mit der Kritik deiner BetreuerInnen umzugehen. Das liegt daran, dass deine Abschlussarbeit oft emotional aufgeladen ist. Es ist schließlich dein letztes Projekt an der Hochschule und du hast mit Sicherheit einen sehr hohen Anspruch daran. Dementsprechend hängst du an deinen Ideen und Entscheidungen.

Das Meister-Schüler-Verhältnis kehrt sich während deiner Abschlussarbeit um – oder sollte sich zumindest verändern. Die Abschlussarbeit ist eine Phase der sogenannten Liminalität. Du bist nicht mehr StudentIn aber auch noch kein/e fertige/r DesignerIn. Dieser *Dazwischenstatus* ist schwierig. Wenn du merkst, dass du mit deinem Status(-wechsel) Probleme hast, empfehle ich dir ein Beratungsgespräch. Hierfür gibt es an fast allen Hochschulen verschiedene Anlaufpunkte wie StudienberaterInnen, StudienverlaufsberaterInnen, MentorInnen, VertrauensdozentInnen oder eine psychosoziale Beratungsstelle. In jeder meiner Abschlussgruppen hatte ich einige Absolvierende, denen es Probleme bereitet hat, dass dies ihr letztes Projekt ist und sie damit aus dem geschützten Studium hinaus in die Arbeitswelt entlassen werden. Hol dir Unterstützung, wenn du merkst, dass du damit haderst.

4.2 Exploriere dein Thema

Sobald deine BetreuerInnen feststehen und das Thema deiner Abschlussarbeit gemeinsam geklärt wurde, kann es losgehen mit dem Material- und Ideensammeln. Du kennst bereits eine Vielzahl gestalterischer Methoden, wie du zu einem Thema recherchieren und es für dich erschließen kannst: Brainstorming, Moodboards, Skizzenbuch, Marktrecherche, Sinus-Milieu-Analyse, Medienanalyse ...

Ich möchte diesen Methoden noch einige Schreibübungen hinzufügen, die dir helfen können, dein Thema aus einer anderen Perspektive zu bearbeiten. Dabei geht es immer darum, Material zu sammeln und zu Einsichten bezüglich deines Themas zu kommen.

Es sind besonders die Aha-Erkenntnisse, die dir helfen, etwas zu gestalten, das sich von bisherigen Lösungen unterscheidet.

Führe ein Sudelbuch oder ein Arbeitsjournal, während du dein Thema gestalterisch bearbeitest. Notiere alles, was dir interessant und wichtig erscheint: Gedanken, Ideen, Theorien und Literatur oder Quellen. Klebe Schnipsel und Inspirationen dazu. Sammle und notiere viel. Je mehr Material du hast, desto mehr Futter hast du für deine Abschlussarbeit – sowohl für die Gestaltung als auch die Dokumentation (siehe Kapitel 2.1). Wichtig ist, dass dir der Unterschied klar ist zwischen der Recherche für deine Gestaltung und der Recherche für deine Dokumentation. Du kannst beides vermischen, musst aber für beides am Ende genug Material haben.

Um dein Thema ganz generell zu explorieren, kannst du viele Übungen nutzen, die im zweiten Kapitel beschrieben sind: Registrieren, Spaziergang, Monologisieren (füge dann auch externe Quellen hinzu, um deine Beobachtungen zu ergänzen), Persönliche Listen, Interview mit mir selber, Ethnologisches Schreiben, Eine Geschichte von jemandem, den du kennst, Free Writing, 10 Bilder des Tages, Webcam und Geschichte eines Fotos. Passe die Übungen jeweils an dein Thema an.

Was wäre wenn?

Dream big. Stell dir vor, dir stünden unendliche Mittel und Ressourcen zur Verfügung. Was würdest du damit anstellen? Was ist deine Maximalidee? Schreibe hierzu einen Eintrag in dein Arbeitsjournal.

Schon klar, die wirst du wahrscheinlich nicht umsetzen können. Aber bevor du realistisch wirst, erlaube dir ruhig, zu träumen und groß zu denken. Auf diese Weise entstehen oft weitere Ideen, die sich tatsächlich umsetzen lassen.

Themen meiner Abschlussarbeit

Führe zu deiner Abschlussarbeit verschiedene Listen. Fang am besten mit einer Liste von Unterthemen an (für dieses Buch waren das beispielsweise unter anderem: Tiefe, Breite, Prozesse, Übungen, Sicherheit, Spaß, Freiheit). Lege dann weitere Listen an: mit möglichen AdressatInnen, Gegenständen, Orten, Materialien, Gefühlen, Handlungen, Farben oder Musikstücken, die für dein Thema eine Rolle spielen.

Kombiniere dann deine Unterthemen mit passenden Begriffen anderer Listen und schreibe je Kombination ein kurzes Notat (vgl. Ortheil 2012b, S. 62). Wie passen beide Begriffe zusammen? Welches Material kannst du daraus für deine gestalterische Praxis ableiten?

Damit du den AdressatInnen deiner Gestaltungsidee näher kommst und mehr über ihre Ansichten, Wünsche und Bedarfe herausfindest, eignen sich folgende Übungen des zweiten. Kapitels: Registrieren, Spaziergang (nutze besonders die Idee im letzten Absatz dieser Übung zur Feldforschung), Spaziergang – Was im Inneren passiert (sprich mit den Menschen an diesem Ort: Welche Gefühle und Assoziationen löst dieser bei ihnen aus?), Interview mit mir selber, Ethnologisches Schreiben, Porträtieren, AdressatInnen-Interview, Eine Geschichte von jemandem, den du kennst, Wortfoto, 10 Bilder des Tages, Lass die Geschichte zu dir kommen, Webcam, Geschichte eines Fotos, Wordle und Suchmaschinen-Gedicht.

Du gestaltest einen Gegenstand? Dann könnten dir folgende Übungen aus dem zweiten Kapitel helfen: Präzisieren, Registrieren, Dinge, Ethnologisches Schreiben, Eine Geschichte von jemandem, den du kennst, Die Geschichte des Dings, Wortfoto, 10 Bilder des Tages, Lass die Geschichte zu dir kommen, Webcam, Geschichte eines Fotos, Wordle und Suchmaschinen-Gedicht.

Auch hierbei solltest du die Übungen so anpassen, dass dein zu gestaltender Gegenstand im Fokus steht. Du könntest zum Beispiel AdressatInnen deiner Idee einen Prototyp geben und die Interaktion durch die Übung Ethnologisches Schreiben beobachten und festhalten. Dies wird dir helfen, dein Produkt weiterzuentwickeln.

Wenn bei deinem Thema Orte wichtig sind, kannst du folgende Übungen des zweiten Kapitels nutzen, um dir diese thematisch zu erschließen: Registrieren, Spaziergang (beachte den letzten Absatz zum Thema Feldforschung), Monologisieren (suche dann auch nach externen Quellen, um deine Beobachtungen zu ergänzen), Spaziergang – Was im Inneren passiert, Eine Geschichte von jemandem, den du kennst, Wortfoto, 10 Bilder des Tages, Lass die Geschichte zu dir kommen, Webcam, Geschichte eines Fotos, Wordle, Suchmaschinen-

Gedicht. Nutze sowohl das objektive Notieren, das du in Kapitel 2.2.1 kennengelernt hast, als auch subjektive Eindrücke von dir selbst sowie den Menschen, die sich an dem Ort aufhalten.

Beim Materialsammeln für das Recherchekapitel bzw. den theoretischen Hintergrund deiner Arbeit wirst du zunächst sehr breit recherchieren, um einen Überblick zu bekommen. Hierfür eignen sich drei Übungen aus dem zweiten Kapitel: Lesen und Notieren, Wordle und Suchmaschinen-Gedicht.

Das Thema Literaturrecherche und Umgang mit wissenschaftlicher Literatur wurde bereits in anderen Schreibratgebern ausführlich behandelt. Ich empfehle dir das Buch „Frei geschrieben" (Wolfsberger 2010). Dort findest du eine schnelle Methode zur Einschätzung und Bewertung von wissenschaftlicher Literatur und wie du sie liest, verstehst und mit dem Gelesenen weiterarbeitest (ebd. S. 131). Außerdem bieten vermutlich alle Hochschulbibliotheken regelmäßig Schulungen an, in denen du lernst, wie du nach Literatur suchst und diese bewertest.

Die erste explorierende und sammelnde Phase deiner Abschlussarbeit musst du unbedingt früh genug abschließen. Sie macht meistens Spaß und birgt daher die Gefahr, dass du sie richtig auskostest und dann für die anschließenden Schreibaufgaben zu wenig Zeit hast. Du kannst später jederzeit zurückgehen und weiter recherchieren oder explorieren – wenn nötig. Hör einfach auf, sobald du das Gefühl hast, dass du dein Thema ausreichend für dich selber erschlossen hast oder die Deadline aus deiner Zeitplanung erreicht ist (siehe Kapitel 3.4).

4.3 Grenze dein Thema ein

Masse ist beim wissenschaftlichen Schreiben nicht gleich Klasse. Bei einer Abschlussarbeit kommt es nicht darauf an, alles über ein Thema herauszufinden und alles zu behandeln. Stattdessen solltest du deine Arbeit nun, nachdem du dein Thema exploriert und damit breit aufgemacht hast, wieder eingrenzen. Dafür gilt es zu entscheiden, was der Kern ist, was du somit bearbeiten wirst und was du weglassen möchtest – was du aus Zeit- oder Ressourcengründen weglassen musst und wirst. Es kann sein, dass du dich dabei von Themen oder Ideen verabschieden musst, die du selber wichtig und interessant findest. Heb sie dir für später auf. Vielleicht kannst du sie bei einem deiner nächsten Projekte um- oder einsetzen. Dann fällt der Abschied leichter; er muss nicht endgültig sein.

Für deine Themeneingrenzung gilt es, Entscheidungen zu treffen, welche Aufgabe du im Rahmen deiner Abschlussarbeit bearbeiten oder welche Frage du beantworten möchtest.

Das Thema klein machen

Schreibe zu jeder der folgenden Fragen einen kurzen Text. Am besten stellst du dir eine Stoppuhr und versuchst je Frage etwa 5 Minuten zu schreiben. Meist hast du die offensichtlichen Antworten nach etwa 2 Minuten aufgeschrieben. Halte dann etwas inne und warte, ob dir noch mehr einfällt – das ist fast immer der Fall.

1. Welche Überlegungen, Beobachtungen und Erkenntnisse haben dich auf dein Thema neugierig gemacht?
2. Welche Ideen und Bilder hast du zu diesem Thema?
3. Welches besondere Material, welche eigenen Erfahrungen oder spezifische Perspektive stehen dir zur Verfügung, um dein Thema zu bearbeiten?
4. Worauf möchtest du hinaus? Worum geht es dir bei diesem Thema? Was möchtest du erreichen?
5. Welche Methoden möchtest du einsetzen? Was genau möchtest du machen oder umsetzen?
6. Wem könnte deine Arbeit nutzen?
7. Welche Verbindung gibt es zwischen deiner Abschlussarbeit und deiner zukünftigen (Wunsch-)Berufstätigkeit?

Lies dir nun alle deine Antworten noch einmal durch. Nimm einen bunten Stift und unterstreiche die Textpassagen, die du relevant oder interessant findest. Fallen dir jetzt Fragen ein zu deinen kurzen Texten, die du gerade geschrieben hast? Notiere dir diese Fragen. Versuche daraus eine Kernfrage zu formulieren, auf die deine Abschlussarbeit eine Antwort geben soll. Wenn dir das klar ist, wird es einfach sein zu entscheiden, was in deine Arbeit gehört und was du ausklammerst. Alles, was nichts mit deiner Kernfrage zu tun hat, sollte rausfliegen. Deine Kernfrage sollte für dich interessant sein, dann kann sie dich immer wieder begeistern und motivieren, während du an deiner Abschlussarbeit schreibst (vgl. Wolfsberger 2010, S. 81).

Meist entsteht das Thema der Abschlussarbeit aus einer Erfahrung, die du selber gemacht oder bei anderen beobachtet hast: Da war etwas nicht so, wie es sein sollte oder könnte. Dir ist ein Bedarf aufgefallen, ein Wunsch von jemandem oder ein Missstand. Dieses Kernproblem, das du bearbeiten möchtest, wird im ersten Teil deiner Dokumentation beschrieben, in der Problemdarstellung und Einordnung deiner Arbeit. Diesen Abschnitt kannst du nun mit Inhalt füllen.

4.4 Struktur (er-)finden

Bevor du mit dem Schreiben deiner Abschlussarbeit anfängst, macht es Sinn, eine Gliederung zu erstellen. Du planst darüber den Aufbau und groben Inhalt der Arbeit. Dafür ist es nicht notwendig, viel über dein Thema gelesen zu haben. Genau andersherum: Der Aufbau und die Struktur der Arbeit werden dir dabei helfen, gezielter nach Quellen zu suchen aus denen du die Informationen entnimmst, die du für das Schreiben benötigst.

Die grobe Struktur deiner Abschlussarbeit ähnelt der einer normalen Dokumentation, die in Kapitel 3.5.1 vorgestellt wurde:

1. Titelseite (Thema der Arbeit, dein Name, Matrikelnummer, Namen der BetreuerInnen, Semester, Abgabedatum etc.)
2. Inhaltsverzeichnis
3. Abkürzungsverzeichnis
4. Abstract/Zusammenfassung (oft auch auf Englisch)
5. Problemdarstellung, kurze Einordnung der Arbeit
6. Recherche
   a) Theoretischer Hintergrund des Themas
   b) Marktanalyse
   c) AdressatInnenanalyse
7. Bewertung der Recherche und dein daraus abgeleiteter konzeptioneller gestalterischer Ansatz

8. Entwurfsentwicklung
9. Beschreibung des finalen Entwurfes (visuell und schriftlich)
10. Fazit, offene Fragen und weiterführende Ansätze oder Ideen
11. Evtl. Glossar
12. Quellenverzeichnis (Literatur und Abbildungen)

Die Ideen und Informationen, die beim Explorieren eines Themas entstehen, sind meist komplex miteinander vernetzt. Durch deine Arbeit wird sich jedoch ein roter Faden ziehen, wenn du bei der Planung darauf achtest. Damit du einen linearen und logisch sowie sinnvoll gegliederten Text schreiben kannst, solltest du deine Ideen und Unterthemen auf Papier bringen und die Verbindungen dazwischen visualisieren. Die folgenden Übungen helfen dir genau dabei.

Mindmap

Diese Methode kennst du bestimmt bereits. Da sie sehr nützlich ist, beschreibe ich sie hier trotzdem kurz. Mit Hilfe von Mindmaps kannst du Wissen und Ideen schnell strukturieren und die Zusammenhänge visualisieren.

Nimm dir ein großes Blatt Papier (mindestens A3) und schreibe in die Mitte das Thema deiner Arbeit. Vom Thema ausgehend zeichnest du Linien und Verästelungen, auf die du deine Unterthemen und Ideen notierst. Jeder Ast kann sich beliebig weiter verzweigen, je nachdem wie viele Unterthemen und Unterunterthemen dir einfallen (vgl. Buzan & Buzan 2002).

Bevor du mit der Mindmap anfängst, kann es sinnvoll sein, dass du dir die Hauptäste zuvor notierst, damit du den zur Verfügung stehenden Platz gut nutzt.

Post-it-Strukturierung

Diese Methode ähnelt der Mindmap. Allerdings bist du flexibler und kannst die Struktur und den Inhalt im Nachhinein verändern, ohne eine neue Mindmap anlegen zu müssen. Du benötigst für diese Übung Post-its; ich verwende die Größe 38 x 51 mm.

Im ersten Schritt notierst du dir pro Post-it einen Begriff, eine Idee oder ein Thema bzw. Unterthema deiner Arbeit. Hier kommt es auf Masse an: Schreib alles auf, was dir einfällt. Dafür kannst du die Übung „Themen meiner Abschlussarbeit" von S. 85 nutzen.

Nun füge noch Post-its hinzu, die die Kapitelüberschriften deiner Arbeit enthalten. Dies könnten beispielsweise Problemdarstellung, Recherche, Marktrecherche, AdressatInnenanalyse, Gestalterischer Ansatz, Entwurfsentwicklung, Finaler Entwurf usw. sein. Klebe diese Kapitelüberschriften auf eine Wand, einen Tisch oder ein Fenster. Sortiere dann die Begriffe, Ideen und Unterthemen hinzu, die du beim Brainstorming auf den Post-its gesammelt hast. Falls dir dabei weitere Begriffe einfallen, ist das kein Problem: Schreibe einfach zusätzliche Post-its und füge sie hinzu.

Mit dieser Übung hast du nun ein Gesamtbild deiner Abschlussarbeit vor Augen. Du weißt, was du ungefähr an welcher Stelle schreiben möchtest. Während du an deiner Arbeit schreibst, kannst du immer wieder mit dieser Struktur arbeiten und beispielsweise Post-its mit weiteren Themen oder Quellen hinzufügen.

Diese Gliederung lässt sich gut mit deinem Betreuer oder deiner Betreuerin besprechen. Sie gibt eine Leitlinie für deine Arbeit vor und das Feedback von anderen kann dir dabei helfen, Lücken oder logische Sprünge zu identifizieren.

An Hand von Feedback oder wenn du während des Schreibens deiner Arbeit merkst, dass deine geplante Struktur nicht passt, kannst du durch Umkleben zunächst eine alternative Struktur für deine Arbeit ausprobieren, bevor du den eigentlichen Text umstrukturierst.

Du kannst die Post-its auch von einer Wand zur nächsten kleben, sobald du ein Kapitel oder Unterkapitel geschrieben hast. So behältst du den Überblick über deinen aktuellen Stand und weißt, wie viel noch zu schreiben ist.

Nachdem du eine Gliederung für deine Arbeit erstellt hast, kannst du jetzt mit dem Schreiben loslegen. Aber womit fängst du an? In welcher Reihenfolge schreibst du die Abschlussarbeit? Von vorne nach hinten? Zur Planungsphase gehört auch, dass du deine weitere Vorgehensweise planst und dir Gedanken machst, wie viele Seiten du etwa zu jedem Thema schreiben möchtest. Du erstellst also einen Schreibplan, den du gut mit deiner Zeitplanung verknüpfen kannst. In den letzten Jahren habe ich die folgenden beiden generellen Vorgehensweisen bei meinen Studierenden beobachtet:

1. **Vom Gestalten ausgehen:** Bei dieser Schreibreihenfolge beginnst du nach dem Erstellen der Gliederung mit dem Schreiben der Problembeschreibung (Punkt 5 in der Auflistung auf Seite 89f.). Anschließend überlegst du dir deinen gestalterischen Ansatz und schreibst diesen auf (Punkt 7). Dann gehst du zur gestalterischen Arbeit über. Dafür machst du zunächst eine Markt- und AdressatInnenanalyse und kannst damit diese Unterkapitel aufschreiben (Punkte 6b und 6c). Nun folgt eine Phase, in der du dich hauptsächlich mit der praktischen Umsetzung deiner Ideen beschäftigst. Dies liefert dir den Inhalt für die Entwurfsentwicklung (Punkt 8) sowie die Beschreibung des finalen Entwurfes (Punkt 9). Es ist wichtig, dass du bei diesem Vorgehen auf deine Zeitplanung achtest. Es muss genügend Zeit bleiben bis zum Abgabetermin, um jetzt den theoretischen Hintergrund zu schreiben (Punkt 6a). Ganz am Ende schreibst du die noch fehlenden Teile Fazit (Punkt 10) und Zusammenfassung (Punkt 4). Die verschiedenen Verzeichnisse (Inhalt, Abkürzungen, Glossar, Literatur, Abbildungen) führst du am besten parallel zum Schreiben und nutzt dafür Verweisfunktionen deiner Schreibsoftware, die die Verzeichnisse automatisiert aktualisieren.

2. **Von der Recherche ausgehen:** Diese Vorgehensweise funktioniert etwas anders. Du fängst ebenfalls mit der Problembeschreibung an (Punkt 5). Anschließend erarbeitest du dir jedoch den theoretischen Hintergrund zu deinem Thema, machst eine Markt- sowie AdressatInnenanalyse und schreibst das komplette Recherchekapitel (6a-c). Mit diesem Wissen wird anschließend der gestalterische Ansatz abgeleitet (Punkt 7) und dann gehst du zum eigentlichen Gestalten und der Entwurfsentwicklung über (Punkt 8). Wenn der finale Entwurf steht, kannst du diesen beschreiben (Punkt 9) und ziehst ein Fazit (Punkt 10). Ganz zum Schluss wird die Zusammenfassung geschrieben (Punkt 4). Wie bei der ersten Vorgehensweise solltest du auch bei dieser Strategie darauf achten, die Verzeichnisse parallel zum Schreiben zu führen.

Mit dem Strukturieren und Planen deiner Arbeit solltest du – wie mit dem Explorieren – möglichst schnell abschließen. Deine Gliederung ist nicht aus Porzellan. Sie wird nicht zerbrechen, wenn du zu einem späteren Zeitpunkt etwas umstellst. Es ist wichtig, dass du dir einen Rahmen setzt, in den du hineinschreiben kannst. Betrachte diesen Rahmen jedoch als flexible und vorläufige Lösung, die du während späterer Überarbeitungsphasen verändern kannst.

Deine Vorgehensweise und dein Zeitplan werden sich ebenfalls im Laufe der weiteren Wochen ändern. Du wirst vielleicht auf etwas warten müssen, etwa ein Buch, das deine Bibliothek erst bestellen muss oder darauf, bestimmte Geräte, Maschinen oder Räume an deinem Fachbereich benutzen zu können. Diese unvorhergesehenen Verzögerungen kannst du meist nicht beeinflussen. Die Zeit, die dann plötzlich „frei" wird, solltest du flexibel mit anderen Tätigkeiten füllen, so dass sich deine gesamte Abschlussarbeit möglichst nicht verzögert. Wenn du dir vorab eine Vorgehensweise überlegt hast, weißt du, welche Aufgaben noch anstehen und kannst eine andere vorziehen.

4.5 Arbeit mit Literaturquellen und visuellen Inspirationen: Fremdbestäubung

Für das Recherchekapitel deiner Dokumentation benötigst du Informationen. Die Gliederung und Struktur deiner Arbeit hilft dir dabei, gezielt nach den benötigten Informationen zu suchen. Dabei gibt es meist drei Bereiche, die du abdeckst:

1. Der theoretische Hintergrund zu deinem Thema

Eine Abschlussarbeit am Fachbereich Design könnte sich beispielsweise damit beschäftigen, eine Motivationshilfe für Studierende zu entwickeln. Hierfür muss zunächst das Thema Motivation an sich erklärt werden. Welche Theorien gibt es in der Psychologie oder Pädagogik dazu?

Diese Informationen kannst du durch eine Literaturrecherche finden. Ich empfehle, dafür eine Schulung in deiner Hochschulbibliothek zu machen. Dabei lernst du, wie du über das Online-Suchportal der Bibliothek zielführend die Literatur findest, nach der du suchst. Zusätzlich kannst du auch über eine normale Internetsuche nach Hintergrundwissen und Literatur recherchieren. Nutze ruhig ein normales Suchportal und eine Zitationsdatenbank[19] wie beispielsweise google scholar. Achte jedoch darauf, dass deine Quellen den wissenschaftlichen Kriterien genügen.

Jede Information, die du aus einem Text übernimmst – auch wenn du diese komplett umformulierst –, versiehst du mit der jeweiligen Quelle. Dass dies die normale wissenschaftliche Praxis ist, ist vielen Designstudierenden nicht bewusst. Der Grund dafür ist, dass deine Arbeit transparent und nachvollziehbar sein soll. LeserInnen müssen jederzeit wissen, woher eine Information in deinem Text stammt, um die Qualität deines Recherchekapitels zu bewerten.

Für das Zitieren gibt es mehrere Methoden, die alle korrekt sind. In diesem Buch habe ich die Harvard-Zitierweise benutzt. Dabei schreibst du hinter die Information, die du aus einer bestimmten Quelle entnommen hast, AutorIn, Jahr der Veröffentlichung und die Seite aus der die Information stammt. Die vollständigen Quellenangaben finden sich dann in alphabetischer Reihenfolge der AutorInnen im Literaturverzeichnis am Ende des Textes.

Es gibt noch weitere Möglichkeiten, auf Quellen zu verweisen. Du kannst etwa Fußnoten verwenden und dort die vollständige Quellenangabe machen. Aus meiner Sicht ist jedoch die Harvard-Methode am weitesten verbreitet. Such im Internet nach diesem Begriff, dann findest du viele Anleitungen (meist von Universitätshomepages), in denen im Detail erklärt wird, wie diese Zitierweise funktioniert.

Wenn du zum Zitieren weitere Fragen hast, so sprich unbedingt mit deinen BetreuerInnen, wissenschaftlichen Mitarbeitenden oder Theorie-ProfessorInnen darüber. Mit deinen BetreuerInnen solltest du auch klären, welches Format du für das Zitieren von Quellen verwendest. Manchmal haben sie dazu genaue Vorstellungen, an die du dich dann halten solltest.

---

19 Mit Hilfe einer Zitationsdatenbank kannst du bei der Literaturrecherche nicht nur die Quellen deiner Quellen finden (diese stehen ja immer im jeweiligen Literaturverzeichnis). Stattdessen kannst du auch diejenigen Texte finden, die auf deine Literatur verweisen und damit neuer sind, als deine Quelle. Dazu findest du beispielsweise in google scholar einen Link zu den Texten, die eine von dir gefundene Quelle zitieren.

Exkurs: Plagiate verhindern

„Ich habe eins deiner Bilder aus dem Internet geklaut und neu bearbeitet. Wenn Du willst, schreibe ich aber deinen Namen dazu."[20]

Die Herkunft deiner Ideen mag dir selber egal sein. Bei einer wissenschaftlichen Arbeit spielt sie jedoch eine wichtige Rolle. Dabei gibt es einen feinen aber sehr wichtigen Unterschied zwischen Plagiarismus und *lateral scouting*.

Plagiarismus bedeutet, die Arbeit anderer als seine eigene auszugeben. Dabei reicht das Spektrum von direktem Kopieren bis zum mehr oder weniger starken Adaptieren von Inhalten und Ideen, die in abgeänderter oder umformulierter Form als eigene Arbeit ausgegeben wird. Die eigentlichen UrheberInnen werden nicht als Quelle angegeben.

Lateral scouting und Zitieren hingegen ist etwas anderes. Dabei schaust du auch links und rechts nach Inspirationen, baust jedoch auf der Arbeit anderer auf und gibst sie als deine Quellen an.

Bei deiner Abschlussarbeit, dem wissenschaftlichen Arbeiten allgemein und auch bei deiner Gestaltung musst du alle Quellen, die du verwendet hast, angeben. Alle. Gemeint sind wirklich: ALLE. Ich wedle an dieser Stelle ein bisschen mit dem Zeigefinger, da mir aufgefallen ist, wie fahrlässig und nonchalant viele DesignerInnen und Designstudierende mit dem Thema Autorenschaft und Urheberrecht umgehen. Dabei ist das für eine kreative Disziplin wie Design ein wichtiges Thema. Wer ist eigentlich AutorIn oder UrheberIn einer Gestaltung? Rechtlich gesehen sind es die DesignerInnen. Von der Öffentlichkeit und den AdressatInnen wird die Gestaltung jedoch oft den AuftraggeberInnen zugeschrieben (vgl. Erasmus 2012).

Laut der Kommunikationstheorie von Barthes (2000) übernehmen LeserInnen und RezipientInnen eine Aufgabe, die eigentlich nur den AutorInnen zugesprochen wird: Indem jemand einen Text liest, versteht und ihm einen Sinn gibt, wird diese Person sozusagen zur Ko-Autorin. Nicht mehr nur die AutorInnen bestimmen die Botschaft, die vermittelt wird, LeserInnen definieren diese durch ihr Verständnis mit.

Autoren- und Urheberschaft scheint also ein schwer greifbares Konzept zu sein. Wenn du vermeiden möchtest, dass dir ein Fehler unterläuft, gehe möglichst sorgfältig mit deinen Quellen um. Notiere dir bei jeder Idee dazu, woher sie stammt und wodurch sie inspiriert wurde. Gib diese Quellen lückenlos an, dann gehst du sauber damit um und respektierst die Arbeit und Leistung anderer.

---

20 Aus einem Tweet von Anne Hufnagl @Twelectra vom 13.1.2016.

Exzerpieren

Diese Übung eignet sich, um damit den Theorieteil deiner Dokumentation zu schreiben. Damit du dabei direkt eine sinnvolle inhaltliche Struktur findest, springe in das Kapitel 4.4 und plane dein Recherchekapitel und dessen Unterkapitel zunächst. Die so erstellte Gliederung kannst du durch folgende Vorgehensweise mit Inhalt füllen:

Recherchiere zu deinem Thema, damit du genug Texte und Informationen zur Verfügung hast. Nun lies oder überfliege die Texte nacheinander und kopiere Passagen heraus, die du wichtig findest. Achte darauf, dass du dir jeweils dazuschreibst, welchem Text du die Textstellen entnommen hast. Leg dir am besten sofort ein Literaturverzeichnis dazu an, in dem du AutorIn, Titel des Textes, Verlag, Zeitschrift, Jahr der Veröffentlichung etc. festhältst. Das kannst du handschriftlich in dein Notizbuch machen oder am Computer.

Lasse zwischen allen kopierten Texten Abstand. Du kannst den Seitenspiegel auch verkleinern, so dass dir große Seitenränder als Kommentarspalten zur Verfügung stehen. Druck dir diese Datei aus (falls du nicht von Hand in dein Notizbuch geschrieben hast) und reagiere auf die Texte der anderen AutorInnen. Fasse deren Ideen zusammen und entwickle eigene Gedankengänge dazu. Schreibe jeweils ein Fazit und zieh ein Resümee, das eine Gruppe von Texten zusammenfasst aber keine wörtlichen Zitate mehr enthält. Diese selbstgeschriebenen Texte, die die Ideen und Inhalte deiner Quellen enthalten nennt man Exzerpte (vgl. Ortheil 2012a, S. 122).

Aus dieser Auseinandersetzung kannst du nun den Rechercheteil und somit den Theorieteil deiner Arbeit verfassen.

Du kannst zu deinen Literaturquellen auch jeweils eine Mindmap erstellen, während du liest. So fasst du die Inhalte und Ideen gut strukturiert zusammen und kannst daraus anschließend einen eigenen Text formulieren.

2. Marktanalyse

Damit sich deine gestalterische Lösung einordnen und bewerten lässt, solltest du die Vorarbeiten anderer diskutieren. Welche Lösungen existieren bereits für das Problem, das du bearbeitest? Welche ähnlichen gestalterischen Umsetzungen möchtest du nutzen, die eigentlich für ein anderes Problem gedacht sind, sich aber vielleicht auf deine Idee übertragen lassen?

Für die Marktanalyse kannst du eine Messe besuchen, im Internet oder in Geschäften suchen, ExpertInnen befragen usw. Das hängt sehr stark davon ab, was genau du gestalten möchtest. In Kapitel 4.2 findest du einige Übungen, die du für die Marktanalyse nutzen kannst.

3. AdressatInnenanalyse

Du gestaltest, damit jemand deine Lösung nutzt. Daher gehört in das Recherchekapitel ein Abschnitt, in dem du dir Gedanken über deine AdressatInnen machst. Wer sind sie? Was wünschen sie sich? Was brauchen sie? Was nutzen sie aktuell? Was sind ihre Gewohnheiten? Nutze die Übungen in Kapitel 2.2.3 und 4.2, um deine AdressatInnen, ihre Vorlieben, Bedürfnisse, Gewohnheiten und Wünsche zu verstehen und zu beschreiben. Das wird dir helfen, eine nutzerorientierte Gestaltungsidee zu entwickeln.

4.6 Dein erster Textentwurf

Die Angst (oder vielleicht eher den Respekt) vor dem weißen Blatt kennst Du bestimmt vom Skizzieren und Zeichnen. Nur, dass beim Schreiben der provokativ blinkende Cursor dazukommt, der mit den vorbeiziehenden Sekunden im Takt schlägt. Er erinnert dich daran, wie die Zeit vergeht, ohne dass du vorankommst.

Die Hemmung, mit dem Schreiben anzufangen, hat mehrere Gründe. Der erste ist, dass du – sobald du anfängst zu schreiben – deine noch möglichen Textalternativen reduzierst. Jeder Buchstabe den du tippst, begrenzt dich darin, wie du weiterschreiben kannst. Außerdem führt das Aufschreiben dazu, dass die Ideen und Gedanken, die bisher nur in deinem Kopf waren, sichtbar und lesbar und damit bewertbar werden.

„Man nehme von allem nur das Beste", sagte Oscar Wilde. Dieser Rat ist in Bezug auf das Schreiben nicht so gut, wie er im ersten Moment klingt. Denn: Es gibt den Text, den du versuchst zu schreiben und es gibt den Text, den du tatsächlich schreibst. Zwischen Anspruch und Wirklichkeit liegt manchmal eine frustrierende Lücke.

Damit meine ich, dass man beim Schreiben meist einen zu hohen Anspruch an die *erste* Textversion hat. Während du einen Satz neu formulierst, ist es sehr schwer, diesem Anspruch gerecht zu werden. Das führt dazu, dass du an jedem Satz feilst, weil du noch nicht damit zufrieden bist. Das Schreiben kommt quälend langsam voran, was zusätzlich zur anstrengenden Formulierungsarbeit frustriert und zu einem Gefühl der Inkompetenz führen kann.

Aber warum sitzen wir oft minutenlang an einem Satz und sind dennoch unzufrieden mit dem Ergebnis? Die schönste Erklärung für dieses Problem hat Peter Elbow (1998, S. 6) gegeben: Wir können nicht gleichzeitig ja und nein sagen. Mit dem Jasagen ist das Schreiben der ersten Version eines Textes und mit dem Neinsagen dessen Überarbeitung gemeint. Du kannst nicht gleichzeitig Neues schaffen und dieses Neue in Form und Inhalt kontrollieren.

Dieses Prinzip ist für dich nicht neu. Erinnere dich an die bekannte Brainstormingregel: Alles ist erlaubt, nichts wird kritisiert. Dabei folgst du genau dieser Idee, dass man zwischen kreierenden und kontrollierenden Tätigkeiten trennen sollte, um möglichst produktiv zu sein.

An unserem hohen Anspruch an die erste Textversion ist oft unsere Schreibsozialisation schuld. Dieser Begriff beschreibt den Prozess, wie wir das Schreiben gelernt haben. Wofür wurden wir belohnt, was wurde bestraft? In der Schule hattest du beim Schreiben einer Klausur nur Zeit für eine Textversion, die sofort abgegeben und bewertet wurde. Es gab nicht die Möglichkeit, den Text ein paar Tage ruhen zu lassen und dann zu überarbeiten. Unsere Schuljahre haben also mit dazu geführt, dass wir sofort den perfekten Text schreiben wollen.

Eine solche Schreibstrategie hat jedoch nichts damit zu tun, wie professionelle AutorInnen schreiben. Sie investieren meist möglichst wenig Zeit in ihre erste Version und beschäftigen sich stattdessen intensiv und lange mit dem Überarbeiten. Versuch dir diese Herangehensweise von den Profis abzuschauen. Leg einfach los und schreibe im Bewusstsein, dass du deinen Text später überarbeiten und verbessern wirst. Du wirst merken, wie viel du in kurzer Zeit zu Papier bringen kannst.

Genau wie bei der Gestaltung ist es wichtig, dieses vorläufige Schreiben zu nutzen. Es geht darum, unsere inneren PerfektionistInnen, die jedes Wort und jeden Satz sofort auf den Punkt bringen möchten, für eine begrenzte Zeit zum Schweigen zu bringen. Beim Schreiben der Rohversion deines Textes hat Perfektionismus nichts verloren.

Also: Schreib erst einmal! Und zwar genau so, wie sich die Wörter und Sätze in dir formen. Dann wirst du einen Text produzieren, in dem das steht, was du sagen möchtest. Wenn du diese Schranke des ich-mag-meinen-ersten-Entwurf-nicht-und-überarbeite-sofort-während-ich-formuliere durchbrichst und einfach weiterschreibst, ohne über die Qualität deiner Formulierungen nachzudenken, produzierst du viel Text, mit dem du in einem zweiten Schritt dann sinnvoll weiterarbeiten kannst. Was passiert also mit einer ersten Version, die wir nicht mögen? Sie wird (später) überarbeitet und verbessert. Wie du eine abgabereife Textversion zurechtschleifst, erfährst du im nächsten Unterkapitel.

Um das Rohschreiben ganz generell zu üben, eignen sich viele der schnellen Notierübungen des zweiten Kapitels. Dabei konfrontierst du dich mit neuen und ungewohnten Textarten, deren Kriterien für gut und schlecht du nicht kennst. Wenn du keine Anhaltspunkte dafür hast, ob dein Text gelungen ist oder nicht, kannst du dich beim Schreiben auf dein Gefühl konzentrieren und Spaß daran entwickeln.

Schreib dich frei

Die folgende Vorgehensweise kannst du nutzen, um die Rohversion eines ganzen Unterkapitels oder Kapitels zu schreiben. Nutze die Übung „Post-it-Strukturierung" von Seite 90, um zunächst die Inhalte detailliert zu planen, über die du schreiben möchtest.

Nimm dann eins der Post-its und schreibe zu diesem Aspekt einen Text, als würdest du das Thema anderen Studierenden erklären. Höre nicht auf zu schreiben, selbst wenn du merkst, dass dir Informationen oder Abbildungen fehlen. Es reicht zu diesem Zeitpunkt, wenn du dir dazu einen Kommentar in deinen Text schreibst, den du beispielsweise farbig markierst.

Arbeite nach und nach deine Post-its ab und erinnere dich dabei selbst immer wieder daran, nicht nach der perfekten Formulierung zu suchen, sondern möglichst flüssig eine erste Version zu schreiben (vgl. Wolfsberger 2010, S. 135f.).

Wenn du dein Schreibziel (ein Kapitel oder ein Unterkapitel) erreicht hast, höre auf zu schreiben und schau dir an, wie viel du geschafft hast. Belohne dich für deine Anstrengung und mach eine Pause.

4.7 Das Wichtigste kommt zum Schluss: Überarbeiten

Beim wissenschaftlichen Schreiben einer Hausarbeit oder deiner Abschlussarbeit schreibst du immer eine erste Version. Das ist nicht der Text, den du am Ende abgibst. Aber: Er bildet die Basis deiner Abgabeversion, zu der du über mehrere Überarbeitungsschritte gelangen wirst. Die erste Version deines Textes hast du für dich selber geschrieben, um deine Ideen und Gedanken auf Papier festzuhalten. Die Überarbeitung bringt deinen Text in die Form, die deine LeserInnen sich wünschen, die sie gewohnt sind und von dir als AutorIn erwarten.

Stell dir vor, dein noch nicht überarbeiteter Text ist ein rohes Ei. Er enthält schon das ganze Potential deines fertigen Textes, ist aber noch nicht ausgebrütet. Wenn du ein rohes Ei in der Hand hältst, fühlst du dessen Zerbrechlichkeit. Du musst aufpassen, dass es nicht kaputt geht. Genauso ist es mit deinem Rohtext. Geh vorsichtig damit um, dann wird mit etwas Zeit und Geduld ein fertiges Huhn daraus (vgl. Wolfsberger 2010, S. 192ff.). Um ein erstes Gefühl für deinen Rohtext zu entwickeln, hilft dir die folgende Übung.

Ich <3 meinen Text

Nimm zunächst eine freundliche Haltung gegenüber deinem Rohtext ein. Es geht bei dieser Übung darum, zu sehen, was bereits alles da ist. Lies deinen Text und unterstreiche alle Abschnitte, Sätze oder Formulierungen, die dir gefallen, mit einem bunten Stift – aber keinem roten. Freue dich daran, wie bunt dein Text wird; wie viele gute

Stellen er bereits enthält. Schreib konstruktive Kommentare an den Rand, wenn dir etwas auffällt in Bezug auf den Ton oder Inhalt sowie deine sprachlichen Formulierungen. Füge auch Ideen hinzu, wie der Text sein Potential noch weiter entfalten könnte („ein Beispiel könnte helfen" oder „einleitenden Satz hinzufügen"). Korrigiere jedoch keine Fehler, die dir auffallen. Weder Rechtschreib- oder Grammatikfehler noch schlechte Formulierungen. Achte nur auf Gelungenes und schreibe positive Kommentare an deinen Text. Sei AnwältIn und FreundIn deines Textes (vgl. Wolfsberger 2010, S. 195ff.).

Nach dieser Übung kennst du die Stärken deines Textes und hast hoffentlich eine positive Grundeinstellung für weitere Überarbeitungsschritte. Jetzt kannst du mit dem eigentlichen Überarbeiten anfangen. Bei der Überarbeitung gehst du am besten von grob nach fein vor. Es funktioniert leider nicht, dass du deinen Text einmal sehr aufmerksam liest und dabei auf allen Ebenen gleichzeitig überarbeitest und korrigierst. Plane stattdessen von vornherein mindestens fünf Durchgänge ein, einen je Ebene: Gesamttext, Unterkapitel, Absätze, Sätze und eine Überarbeitung zur Erstellung deiner Druckversion. Du kannst dir dazu einen Plan machen und dir vorab genau überlegen, worauf du bei jeder Überarbeitungsrunde achten wirst. Für jede der fünf Ebenen findest du auf den folgenden Seiten Hinweise und Übungen, die dich beim Überarbeiten unterstützen können.

1. Gesamtstruktur und -inhalt

Bei der Überarbeitung auf der gröbsten Ebene beantwortest du die Fragen: Welche Inhalte und Themen gehören in meinen Text? Und stimmt mein roter Faden für die Gesamtarbeit?

Mach dir dafür noch einmal bewusst, was das Ziel deiner Abschlussarbeit ist: Was ist das Problem, das du lösen möchtest? Was ist dein Gestaltungsauftrag? Wer sind deine AdressatInnen, wem nutzt deine Arbeit wie? Wer wird sie bewerten? Um das für dich zu schärfen, könntest du vorab noch einmal die Fragen auf Seite 83 oder 88 beantworten.

Schau dir nun das Inhaltsverzeichnis deiner Arbeit an: Ist die Struktur und damit die Reihenfolge deiner Kapitel und Unterkapitel stimmig? Wenn nicht, nutze die Übung Post-it-Strukturierung, um eine Neusortierung vorzunehmen.

Bei diesem Überarbeitungsschritt kannst du sehr gut die Rückmeldung anderer gebrauchen. Wir selber sind zu diesem Zeitpunkt manchmal blind für die „richtige" Struktur der Arbeit, da wir bereits viel Zeit mit ihr verbracht haben und uns zur bestehenden Gliederung einige Gedanken gemacht haben.

Achte darauf, dass du frühe Textversionen nur den LeserInnen zeigst, die vorsichtig damit umgehen werden. Bitte KommilitonInnen um Rückmeldung, mit denen du während des Studiums viel und gut zusammengearbeitet hast. Such dir unbedingt eine Person aus, die dein Thema zu schätzen weiß und wirklich Zeit und Interesse daran hat, dir zu helfen.

Bevor du deinen Text abgibst, besprich in welchem Stadium er sich befindet (in diesem Fall eine frühe Version). Mache deutlich, auf welche Aspekte du eine Rückmeldung haben möchtest: beispielsweise den generellen Aufbau der Arbeit, den roten Faden, die Ideen, die hinter dem Text stehen – und auch worauf nicht: einzelne Formulierungen oder Rechtschreibfehler. Wenn du erklärst, wie du mit dem Feedback weiterarbeiten möchtest, sind deine LeserInnen gut vorbereitet und die Chance, eine wertschätzende und nützliche Rückmeldung zu bekommen, steigt. Ihr könnt euch auch auf ein paar Regeln für die Rückmeldung einigen. Gutes Textfeedback:

- ist freundlich und respektvoll,
- weist ausdrücklich auf die Stärken des Textes hin, denn viele AutorInnen wissen gar nicht, was sie gut machen,
- ist konkret und benennt Textstellen, an denen die Rückmeldung deutlich wird,
- stellt Fragen, wenn etwas unklar ist.

Feedback hat die Aufgabe, deinen Text und dich als AutorIn zu stärken sowie ganz konkrete Überarbeitungshinweise zu geben (vgl. Wolfsberger 2010, S. 203).

Es kann sein, dass deine BetreuerInnen dir anbieten, Rückmeldung auf frühe Versionen deiner Abschlussarbeit zu geben. Die Wahrscheinlichkeit ist jedoch hoch, dass du dabei kein Feedback bekommst, das den oben genannten Kriterien entspricht. Viele Lehrende haben vergessen, wie verletzlich wir beim Schreiben sind. Es kann sein, dass die Rückmeldung dich persönlich angreift und du das Gefühl hast, deine Arbeit und die Ideen, die dahinterstecken, verteidigen zu müssen.

Auch für das Entgegennehmen von Textrückmeldung gibt es Regeln: Lehn dich zurück und hör aufmerksam zu. Mach dir Notizen, damit du nichts vergisst. Frag nach, wenn du etwas nicht verstehst. Aber: Verteidige deinen Text nicht. Deine FeedbackgeberInnen melden dir ihren persönlichen Eindruck des Textes zurück. Da gibt es nichts zu diskutieren, es ist einfach ihre persönliche Wahrnehmung. Bedanke dich für das Feedback – egal, wie du es zunächst aufnimmst. Die FeedbackgeberInnen investieren viel Zeit, um dich beim Schreiben zu unterstützen. Sei dankbar dafür, dass du Lesermeinungen erfährst, auch wenn es vielleicht unerwartete Rückmeldungen sind, die du zunächst nicht verstehst.

Mir hilft es immer, wenn ich den Text nach der Besprechung des Feedbacks weglege und meine Gefühle etwas abkühlen lasse. Die Einsicht, dass mich auch eine negative Rückmeldung weiterbringt, kommt meist nach ein bis zwei Nächten, die ich darüber geschlafen habe. Dann sind Ärger und Verletzungen nicht mehr so stark zu spüren und ich kann mich inhaltlich auf die Rückmeldung einlassen und schauen, was ich daraus mache. Das ist übrigens ein ganz wichtiger Aspekt beim Textfeedback: Es zwingt dich keiner dazu, dass du die Vorschläge oder Ideen, die du bekommst, auch umsetzt. Der Text bleibt dein Text und du entscheidest, welche Hinweise du aufnimmst und welche du ignorierst.

2. Kapitelstruktur

Die verschiedenen Kapitel deiner Abschlussarbeit haben jeweils eine besondere Funktion. Der folgende Abschnitt erklärt diese, so dass du deinen Text inhaltlich überarbeiten kannst.

Abstract/Zusammenfassung:

Diese Kurzzusammenfassung ist meist etwa eine halbe Seite lang. Sie enthält zu folgenden Aspekten oft einen oder zwei Sätze:

- Das Problem oder Thema, das du bearbeitest: Es geht darum die Relevanz deiner Arbeit zu verdeutlichen. Warum sollte sich jemand dafür interessieren? Welches Problem löst du?

- Deine gestaltete Lösung: Was hast du geschaffen? Welche Medien oder Ressourcen sind dabei wichtig? Was ist neu und besonders an deiner Lösung?
- AdressatInnen: Wem nutzt deine Arbeit wie?
- Empfehlung oder Fazit: Was hast du zusammengefasst erreicht? Was ist das Ergebnis? Was nehmen LeserInnen aus deiner Arbeit mit?

Problemdarstellung, kurze Einordnung der Arbeit:

Zu Beginn deiner Dokumentation macht die Problemdarstellung deutlich, warum du gerade dieses Thema bearbeitest. Diese Textabschnitte können ganz unterschiedlich geschrieben werden. Ich habe sehr persönliche Problemdarstellungen gelesen und sehr technische. Das hängt von deinem Thema ab; davon, warum du es bearbeitest und natürlich auch entscheidend von deinen BetreuerInnen. Manche mögen es, wenn dieses Kapitel einen persönlichen Bezug zwischen AutorIn und Thema deutlich macht.

Eine Studentin meines Fachbereichs hat ihre Abschlussarbeit über Homophobie geschrieben, weil ihr Bruder homosexuell ist. Sie hat hautnah die Diskriminierungen miterlebt, denen er ausgesetzt ist. Ihre Problemdarstellung fing mit der Beschreibung einer sehr persönlichen Erfahrung an. In einer anderen Arbeit – der Verfilmung einer Amazonrezension – hat der Student beschrieben, wie er beim Surfen durch Zufall über diese ungewöhnliche Rezension gestolpert ist und direkt das Potential für einen Kurzfilm darin erkannt hat. In der Problemdarstellung einer Auftragsarbeit zur Entwicklung eines Corporate Designs für eine Eisdiele ging es darum, dass professionelle Kommunikationsmedien für kleine Geschäfte entscheidend für den finanziellen Erfolg sein können. In diesem Text gab es keine persönlichen Aspekte.

Wichtig ist, dass in der Problemdarstellung klar wird, welche Aufgabe du bearbeiten möchtest und warum es wichtig ist, dass DesignerInnen hierfür eine Lösung entwickeln. Welchen generellen Nutzen möchtest du mit deiner Arbeit stiften? Wen adressiert deine Arbeit?

Recherche:

Das Recherchekapitel vertieft das Thema, das du in der Problembeschreibung aufgemacht hast. Außerdem schafft es über die Markt- und AdressatInnenanalyse eine Verbindung zu deiner gestalterischen Umsetzung.

- Theoretischer Hintergrund: Beleuchte die Aspekte deines Themas, die LeserInnen wissen und kennen sollten, um das Problem und deine Gestaltungslösung nachzuvollziehen. Was gilt es bei der Gestaltung aus welchem Grund zu berücksichtigen? Mach hier nicht den Fehler, eine Chronologie zu deinem Thema zu schreiben. Das ist in den allermeisten Fällen nicht zielführend. Überlege dir genau, welche Informationen wichtig sind und welche nicht. Frag deine BetreuerInnen ruhig nach Beispielen für gute Theoriekapitel, an denen du dich mit Hinblick auf Tiefe und Breite orientieren kannst.
- Marktanalyse: Die Marktanalyse soll einerseits verdeutlichen, dass du nicht im luftleeren Raum gestaltest und an Vorarbeiten anknüpfst. Andererseits kannst du darüber belegen, dass deine Umsetzung dringend benötigt wird oder einige Neuerungen zu bestehenden Lösungen hinzufügt. Durch eine gute Marktrecherche lässt sich die Qualität deiner gestalterischen Arbeit einschätzen, da man sie mit anderen Lösungen vergleichen kann. Du musst dabei nicht alles aufführen, was es zu deinem Thema gibt. Wähle einige Beispiele aus, die dir wichtig erscheinen. Überlege dir, welche Kriterien du dafür anlegst. Das könnten beispielsweise ökonomischer Erfolg eines Produktes, innovative Materialien oder Formen, besonders schlechte Gestaltungslösungen oder ähnliches sein.
- AdressatInnenanalyse: In diesem Abschnitt leitest du her, für wen deine Gestaltungsumsetzung gedacht ist. Die allerwenigsten Designlösungen sind für Jedermann. Eine gute Passung zwischen Design und AdressatInnen ist ebenfalls ein Kriterium, an Hand dessen sich gute Gestaltung bewerten lässt. Daher zeigst du mit diesem Kapitel, dass du diese fundamentale Basis des Designs verstanden hast und auf deine Arbeit anwenden kannst.

Insgesamt bereitet dein Recherchekapitel auf deinen konzeptionellen, gestalterischen Ansatz vor (das folgende Kapitel). Einige

DesignerInnen entwickeln ihre Gestaltungsideen, bevor sie diese Recherchen gemacht haben. Das kann gut funktionieren. Es kann jedoch auch dazu führen, dass du erst nach der Umsetzung Informationen findest, die dich auf eine ganz andere Gestaltungsidee bringen.

Konzeptioneller, gestalterischer Ansatz:

Dieses Kapitel beschäftigt sich mit deiner grundlegenden Lösungsidee. Welche Lücke hast du durch die Marktrecherche identifiziert und wo möchtest du ansetzen? Was wirst du umsetzen? Welche Materialien planst du zu nutzen? Warum? Beschreibe deine Ideen und dein Gestaltungskonzept. Verweise, wenn passend, auf das Recherchekapitel.

Entwurfsentwicklung:

Da es deinen Gestaltungsprozess widerspiegelt, ist dieses Kapitel meist am einfachsten zu schreiben. Du schreibst über das, was du tatsächlich getan hast. Zeigst Zwischenentwürfe und Sackgassen, beschreibst deinen Findungsprozess und begründest deine Gestaltungsentscheidungen. Dieser Abschnitt belegt, dass du beim Gestalten professionell vorgehst und dein Design kein Zufall ist, sondern Ergebnis eines bewusst gesteuerten Prozesses. Natürlich gibt es dabei immer wieder zufällig Entstandenes. Aber insgesamt solltest du belegen können, warum du dich für welchen Entwurf entschieden hast und wie dieser sich entwickelte.

Finaler Entwurf:

Deinen endgültigen Entwurf stellst du ausführlich dar und beschreibst die wichtigen Komponenten visuell und schriftlich. Dieses Kapitel hat hauptsächlich eine dokumentarische Funktion, um den LeserInnen deiner Abschlussarbeit die gestalterische Lösung möglichst anschaulich darzustellen und zu erklären, wie das Design funktioniert.

Fazit:

In dieser Zusammenfassung ziehst du ein Resümee der Arbeit. Du erinnerst noch einmal an das ursprüngliche Problem, das du bearbeitet hast sowie dessen Relevanz. Auch die Inhalte des Recherchekapitels kannst du noch einmal kurz zusammenfassen und genau die Lücke definieren, für die du eine Lösung geschaffen hast. Deine finale Umsetzung kannst du dann abschließend bewerten: Wird die Lücke, die du identifiziert hast, durch dein Design tatsächlich geschlossen? Woran kann das gemessen oder erkannt werden? Wenn es offene Fragen oder weiterführende Gestaltungsideen gibt, kannst du diese ebenfalls hier diskutieren.

Bei der Überarbeitung auf Kapitelebene geht es darum, die jeweiligen Textinhalte und deren Struktur zu überarbeiten, damit sie ihre Funktionen möglichst gut erfüllen. Bezüglich des Inhalts kannst du dir folgende Fragen stellen:

- Wird meine Kernaussage klar?
- Fehlt etwas?
- Ist etwas inhaltlich unklar oder widersprüchlich?
- Können Beispiele, Abbildungen oder Zitate ergänzt werden, um den Inhalt verständlicher zu machen?
- Was sollte ich kürzen, weil es von den Kernaussagen und den wichtigen Inhalten ablenkt?

Um die Struktur innerhalb der Kapitel zu überarbeiten, beantworte dir die folgenden Fragen:

- Leite ich die einzelnen Kapitel sinnvoll ein?
- Sind die Inhalte in der richtigen Reihenfolge beschrieben?
- Gibt es einen roten Faden?

3. Unterkapitel und Absätze

Nachdem du nun sichergestellt hast, dass deine gesamte Arbeit und die einzelnen Kapitel ihre Funktion erfüllen und insgesamt eine sinnvolle Struktur haben, geht es nun darum, etwas genauer hinzuschauen.

Druck dir deine Arbeit dafür am besten aus und lass dir einen großen Rand, so dass du genug Platz hast, um zu kommentieren. Lies nun jeden Absatz einzeln. Schreibe dir jeweils an den Rand daneben, was das Thema oder die Überschrift des Abschnitts ist. Frag dich, was die Hauptaussage dieses Absatzes ist. Was wird über dessen Thema ausgesagt? Wird diese Hauptaussage deutlich genug? Wo im

Absatz findet sie sich? Wichtige Informationen sollten zentral plat-
ziert werden. Dafür eignen sich Anfang oder Ende der Absätze.

Neben den Absätzen hast du nun handschriftlich jeweils die
Hauptaussagen eines Unterkapitels notiert. Schau dir nur diese
Themenabfolge an: Macht sie Sinn? Oder solltest du die Reihenfolge
deiner Absätze verändern? Fehlt etwas oder ist ein Absatz überflüs-
sig? Fehlen Zwischenüberschriften oder hast du zu viele gemacht?

Nach dieser Überarbeitung kannst du die Kapitel noch einmal
lesen und überprüfen, ob du zu den Hauptkapiteln und Unterkapiteln noch jeweils eine kurze thematische Einleitungen am Anfang
und Zusammenfassungen am Ende sowie Überleitungen zum nächsten Kapitel oder Unterkapitel einfügen solltest.

4. Sprachliche Überarbeitung

Erst ganz am Schluss, wenn du mit der Struktur und dem Inhalt
deiner Textteile zufrieden bist, kommt der Feinschliff bezüglich der
sprachlichen Formulierung. So kannst du verhindern, dass du Zeit in
Abschnitte investierst, die du doch nicht benötigst. Außerdem hast
du vermutlich einige Absätze neu hinzugefügt. Für diese Überarbeitung kannst du gut mit der Rückmeldung anderer arbeiten. Bitte
KommilitonInnen, FreundInnen oder Familienmitglieder, deine Arbeit Korrektur zu lesen.

Lesende beobachten, Lesenden zuhören

Es kann sehr interessant und aufschlussreich sein, andere beim
Lesen deiner Texte zu beobachten: Du kannst dabei etwas darüber
herausfinden, wie sich dein Text liest. Was regt sich während des
Lesens in LeserInnen? Zunächst solltest du dir überlegen, was du
herausfinden möchtest. Beispielsweise, ob dein Text einfach zu lesen und zu verstehen ist. Notiere dir einige Aspekte, an denen du
das erkennen kannst. Worauf möchtest du achten? Das kann etwa
die Mimik der LeserInnen sein, ihre Stirn oder Körperhaltung, ob sie
sich verkrampfen. Was möchtest du konkret beobachten?

Wenn du LeserInnen gefunden hast, lass sie deinen Text einmal
langsam lesen. Sie sollen dabei nicht kommentieren oder Korrektur
lesen. Währenddessen notierst du dir alles, was dir auffällt. Im zweiten Schritt bittest du die LeserInnen, dass sie den Text laut vorlesen.

Jetzt kannst du auf den Lesefluss achten. Stolpern deine LeserInnen über Textstellen? Dann mach dir dazu eine Notiz. Fällt dir ein langer Satz auf? Hör aufmerksam zu. Am besten hast du dafür auch eine Kopie des Textes vor dir liegen. Markiere die Passagen, in denen die VorleserInnen Probleme haben und ebenso diejenigen, in denen es richtig glatt läuft und die LeserInnen positive Reaktionen zeigen.

Wenn du niemanden findest, der/die Zeit oder Lust hat, dir deinen Text vorzulesen bzw. sich dabei von dir beobachten zu lassen, lies dir deinen Text selber laut vor. Auch dabei wirst du über Sätze oder Passagen stolpern, die du umformulieren solltest.

Hier ein paar weitere Tipps zum sprachlichen Überarbeiten:

- Suche nach den treffendsten Formulierungen, die genau das aussagen, was du meinst.
- Achte auf Umgangssprache und flapsig formulierte Ausdrücke. Diese gehören nicht in deine Abschlussarbeit.
- Verzichte auf Wortwiederholungen – insbesondere bei Füllwörtern. Alle AutorInnen haben Lieblingswörter. Meine sind dennoch und auch. Am Ende durchsuche ich meine Texte immer nach diesen Wörtern und achte darauf, dass sie nicht zu häufig auftauchen. Achtung: wichtige Substantive werden sich zwangsläufig wiederholen. Das ist okay. Suche nicht nach unpassenden Alternativen für wichtige Begriffe.
- Beseitige unnötige Füllwörter wie nun, ja, also, doch usw.
- Achte auf zu verschachtelte und zu lange Sätze. Niemand mag Sätze, die sich über mehr als drei bis vier Zeilen ziehen und mehrfach gelesen werden müssen, um verstanden zu werden.
- Schreibe möglichst aktiv, vermeide lange Passagen mit passiv formulierten Sätzen.
- Bitte jemanden um Hilfe beim Korrekturlesen. Meist sind wir blind für unsere eigenen Fehler. Vielleicht hast du LehrerInnen in deinem Bekanntenkreis?

5. Feinüberarbeitung vor dem Druck

Wenn du KommunikationsdesignerIn bist, kennst du dich mit diesem letzten Schritt gut aus. Am Ende überprüfst du deine Abschlussarbeit genauso, wie du es mit jedem anderen Druckprodukt auch machst. Dazu gehören Satzspiegel, Seitenreihenfolge, Seitenzahl, Beschnitt, Registerhaltigkeit, Schriftart und -größe, Zeilenabstände, Bildunter- und Tabellenüberschriften, Bildqualitäten, -auflösungen und -quellen, Spationierungen, Flattersatzausgleich, Umbrüche und Trennungen, Hurenkinder, Schusterjungen, Rechtschreibprüfung und Gedanken- und Bindestriche.

4.8 Abgeben und Fertigsein

Meist wird uns das Abgeben eines Textes leicht gemacht. Wir haben eine Deadline und müssen beispielsweise die – mehr oder weniger – fertige Abschlussarbeit an einem bestimmten Datum ausgedruckt einreichen. Es gibt aber immer wieder Situationen, in denen die Deadline fehlt und es schwer wird mit dem Loslassen. Besonders, wenn dir das Thema sehr wichtig ist und du hohe Ansprüche an deinen Text hast, wirst du merken, dass man beim Lesen immer wieder Aspekte findet, die überarbeitet werden „müssen". Wann ist genug genug und der Text wirklich fertig? Nur noch diese eine Sache, dann kann ich abgeben ...

Der Text, an dem du schreibst, kommt dir vielleicht besonders wichtig vor: Du möchtest dabei keine Fehler machen. Es ist schließlich DIE Abschlussarbeit. Das Beste und Umfassendste, was du an der Hochschule machen wirst. Aber, ich verspreche dir eins: Du wirst hunderte weiterer Texte schreiben und Gestaltungsprojekte durchführen. Diese Abschlussarbeit wird nur dann zu einer Abschlussarbeit, wenn du sie abgibst und bewerten lässt. Und damit den großen Schritt aus der Hochschule hinauswagst und dich ins Design-Getümmel schmeißt.

Wenn du merkst, dass du Schwierigkeiten hast, einen Text fertigzuschreiben oder loszulassen, hol dir unbedingt Hilfe. Das kann dir übrigens auch schon in einer früheren Schreibphase passieren. Ich habe mit einigen Studierenden gearbeitet, die mehr als ein Jahr dafür gebraucht haben, sich auf das Thema ihrer Abschlussarbeit festzulegen. Die jeweiligen BetreuerInnen haben sie zu mir in die Beratung geschickt und wir konnten die Probleme im Gespräch schnell lösen.

Kapitel 5: Abschlussgedanken

Mit diesem Buch möchte ich Designstudierende dazu anregen, das Schreiben als Handwerkszeug für die Gestaltung zu begreifen. Die Schreibaufgaben im zweiten Kapitel sollen zunächst einmal Spaß machen. Meine Hoffnung ist, dass diese Impulse zur Erweiterung der Gestaltungspraxis tatsächlich aufgegriffen und verwendet werden. Durch das regelmäßige Schreiben entwickeln Studierende ihre literalen Kompetenzen weiter und es entsteht eine eigene designspezifische Schreibstimme.

Das wissenschaftliche Schreiben im Fach Design wird im dritten und vierten Kapitel behandelt. Hiermit haben viele Designstudierende Schwierigkeiten, die sich durch das Lesen eines Buches vermutlich nicht tiefgreifend beheben lassen. Die sekundären AdressatInnen dieses Buchs sind daher Lehrende in praxisorientierten und kreativen Studiengängen wie Design.

Ich möchte Sie, liebe Lehrende, dazu ermutigen, das Schreiben stärker als bisher in Ihre Lehre zu integrieren. Ob Schreiben oder Zeichnen: Beides sind entwerfende und gestaltende Prozesse. Beides kann und sollte in der Lehre als fachspezifische Methode vermittelt und geübt werden. Nutzen Sie die Übungen in diesem Buch gemeinsam mit Ihren Studierenden. Verändern Sie sie so, dass sie zu Ihren Lehrveranstaltungen passen und Studierende das Schreiben in designspezifischen Projekten lernen und weiterentwickeln. Wir können nicht erwarten, dass ohne Vorbereitung eine perfekte Abschlussarbeit geschrieben wird. Darum gehört das designspezifische Schreiben für mich in der einen oder anderen Form in jedes Semester des Studiums.

Leider gibt es im deutschsprachigen Raum keine Vernetzungsmöglichkeiten für Lehrende zum Schreiben im Design. Ich würde mich jedoch sehr freuen, wenn Sie mit mir in Kontakt treten und wir anfangen, mehr über das Schreiben im Design zu sprechen. Fächerübergreifend bietet die Gesellschaft für Schreibdidaktik und Schreibforschung ein Netzwerk mit regelmäßigen Konferenzen und

Workshops, die sich unter anderem mit fachspezifischen Aspekten des Schreibens im Studium beschäftigen. International und auf kreative Studienrichtungen bezogen gibt es die Initiative *Writing Purposefully in Art and Design* (Writing-PAD: www.writing-pad.org).

Literaturliste

Alexander Acimen und Emmett Rensin (2009): Twitterature. The World's Greatest Bookds Retold Through Twitter, Penguin Books, London.

Helmut Balzert, Marion Schröder und Christian Schäfer (2011): Wissenschaftliches Arbeiten, 2. Auflage, W3L-Verlag, Herdecke, Witten.

Sven Arnold, Rosaria Chirico und Daniela Liebscher (2012): Goldgräber oder Eichhörnchen: Welcher Schreibtyp sind Sie?, Journal der Schreibberatung, 4, S. 82–97.

Lynda Barry (2010): Picture this, Drawn and Quaterly, Montreal.

Lynda Barry (2015a): Syllabus, 2. Auflage, Drawn and Quaterly, Montreal.

Lynda Barry (2015b): What it is, 8. Auflage, Drawn and Quaterly, Montreal.

R. Barthes (2000): Der Tod des Autors. In: F. Jannidis et al. (Hrsg.): Texte zur Theorie der Autorschaft. Stuttgart. S. 185–193.

Frank Xaver Bea und Jürgen Haas (2016): Strategisches Management, 8. Auflage, UVK Verlagsgesellschaft mbH, Konstanz.

Joan Bolker (1998): Writing Your Dissertation in Fifteen Minutes a Day, Henry Holt & Company, New York.

Tony Buzan und Barry Buzan (2002): Das Mind-Map-Buch. Die beste Methode zur Steigerung Ihres geistigen Potentials, Moderne Verlagsgesellschaft, München.

Dark Horse Innovation (2016): Digital Innovation Playbook. Das unverzichtbare Arbeitsbuch für Gründer, Macher und Manager, Murmann Publishers.

Carol Dweck (2009): Selbstbild: Wie unser Denken Erfolge oder Niederlagen bewirkt, Piper Verlag GmbH, München/Berlin.

Peter Elbow (1998): Writing Without Teachers, 2. Aufl., Oxford University Press, New York, Oxford.

Frederic C. Erasmus (2012): no no position, die Designer/der Designer/das Design. Books on Demand GmbH, Norderstedt.

Jürgen Erbeldinger und Rhomas Ramge (2013): Durch die Decke denken: Design Thinking in der Praxis, Redline Verlag, München.

Max Frisch (1992): Fragebogen, Suhrkamp Taschenbuch Verlag.

Chip Heath und Dan Heath (2010): Made to Stick: Why Some Ideas Survive and Others Die, Random House Trade Paperbacks, New York.

John Hunt (2009): the art of the idea: and how it can change your life, powerHouse Bookds, Brooklyn.

Peter Jenny (2003): Anleitung zum falschen Zeichnen, 4. Auflage, Verlag Hermann Schmidt, Mainz.

Mikael Krogerus und Roman Tschäppler (2012): Fragebuch. Was ich schon immer mal fragen wollte, Kein & Aber.

Otto Kruse (2007): Keine Angst vor dem leeren Blatt. Ohne Schreibblockaden durchs Studium, 12. Auflage, Campus Verlag GmbH, Frankfurt/Main.

Indra Kupferschmid (2009): Buchstabenkommenseltenallei n. Ein typografisches Handbuch, 2. Auflage, Verlag Niggli AG, Sulgen.

Anton G. Leitner (Hg., 2002): SMS-Lyrik: 160 Zeichen Poesie. dtv.

Sylvie Molitor-Lübbert (2003): Schreiben und Denken: Kognitive Grundlagen des Schreibens. In: Daniel Perrin et al. (Hrsg.): Schreiben: Von intuitiven zu professionellen Schreibstrategie. Wiesbaden: Westdeutscher Verlag, S. 33–46.

Hanns-Josef Ortheil (2012a): Schreiben dicht am Leben. Notieren und Skizzieren, Dudenverlag, Mannheim und Zürich.

Hanns-Josef Ortheil (2012b): Schreiben auf Reisen. Wanderungen, kleine Fluchten und große Fahrten – Aufzeichnungen von unterwegs, Bibliographisches Institut GmbH, Mannheim.

Hanns-Josef Ortheil (2014): Schreiben über mich selbst. Spielformen des autobiografischen Schreibens, Dudenverlag, Berlin, Mannheim, Zürich.

Stephan Porombka (2012): Schreiben unter Strom. Experimentieren mit Twitter, Blogs, Facebook & Co. Bibliographisches Institut GmbH, Mannheim.

Gerardo Ramirez und Sian L. Beilock (2011): Writing About Testing Worries Boosts Exam Performance in the Classroom, Science, Vol. 331, 211–213.

Dan Roam (2009): Auf der Serviette erklärt: Mit ein paar Strichen schnell überzeugen statt lange präsentieren. Redline Verlag, Finanz Buch Verlag GmbH, München.

Bernd Rohrbach (1969): Kreativ nach Regeln – Methode 635, eine neue Technik zum Lösen von Problemen, Absatzwirtschaft, Heft 19, S. 73–76.

Christian Schärf (2012): Schreiben Tag für Tag. Tagebuch und Journal, Dudenverlag, Mannheim, Zürich.

Ulrike Scheuermann (2012): Schreibdenken. Schreiben als Denk- und Lernwerkzeug nutzen und vermitteln. Verlag Barbara Budrich, Opladen & Toronto.

Wolf Schneider (2011): Deutsch für junge Profis: Wie man gut und lebendig schreibt, 2. Auflage, Rowohlt Taschenbuch Verlag, Reinbek bei Hamburg.

Donald A. Schön (1983): The reflective practitioner: How professionals think in action. Basic Books, New York.

Paul J. Silvia (2010): How to Write a Lot. A Pracitcal Guide to Productive Academic Writing, 6. Auflage, APA Life Tools, Washington D.C.

Paul J. Silvia (2015): Write It Up: Practical Strategies for Writing and Publishing Journal Articles, APA LifeTools, Washington D.C.

Keri Smith (2008): how to be an explorer of the world, Penguin Group (USA) Inc., New York.

Judith Wolfsberger (2010): Frei geschrieben, Mut Freiheit und Strategie für wissenschaftliche Abschlussarbeiten, 3. Auflage, Böhlau Verlag: Wien, Köln, Weimar.

Danksagung

Zum Schreiben dieses Buches haben zahlreiche Menschen einen unschätzbaren Beitrag geleistet. Ich danke: Swantje Lahm, der Herausgeberin dieser Reihe, die mir zugetraut hat, ein Buch zu schreiben; Miriam von Maydell, die diese Reihe von Verlagsseite betreut und mich sehr gut beim Schreiben unterstützt hat; Andrea Lassalle für ihr hilfreiches Lektorat; Nils Cordes für die Beratung bei der Gestaltung des Covers; dem gesamten Fachbereich designkrefeld, an dem ich mit vielen inspirierenden Mitarbeitenden und Studierenden zusammenarbeiten konnte, insbesondere allen Studierenden meiner Kurse, meinen Hilfskräften sowie Ingrida Dolfen, Jeannette Weber, Nora Gummert-Hauser, Erik Schmid, Kerstin Plüm, Nico Beuker und Gerd Hahn; Frederike Szary, für die Rückmeldung auf das Manuskript; und ganz besonders Sarah Hüttenberend, für die gemeinsame Entwicklung vieler Inhalte dieses Buchs, die Rückmeldung und Unterstützung beim Schreiben und das Coverphoto.

Für meine Familie